우리의 약함은

그분의 능력을 더 깊이 체험하기 위한

기회이자 특권,

아름다운 선물

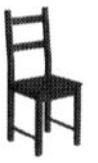

■ 일러두기
본문에 인용한 성경은 대한성서공회에서 펴낸 새번역판을 따랐습니다.

소중한 나의 연약함

방선기 지음

1판 1쇄 인쇄 2014. 12. 28 | **1판 1쇄 발행** 2015. 1. 10 | **발행처** 포이에마 | **발행인** 김도완 | **책임 편집** 박진희 | **책임 디자인** 지은혜 | **제작** 안해룡, 박상현 | **제작처** 재원프린팅, 금성엘엔에스, 정문바인텍 | **등록번호** 제300-2006-190호 | **등록일자** 2006. 10. 16 | 서울특별시 종로구 북촌로 63-3 우편번호 110-260 | 마케팅부 02)3668-3246, 편집부 02)730-8648, 팩시밀리 02)745-4827

값은 뒤표지에 있습니다. ISBN 978-89-97760-23-7 03230 | 독자의견 전화 02)730-8648 | 이메일 masterpiece@gimmyoung.com | 좋은 독자가 좋은 책을 만듭니다. | 포이에마는 독자 여러분의 의견에 항상 귀를 기울이고 있습니다.

이 도서의 국립중앙도서관 출판시도서목록(CIP)은 서지정보유통지원시스템 홈페이지(http://seoji.nl.go.kr)와 국가자료공동목록시스템(http://www.nl.go.kr/kolisnet)에서 이용하실 수 있습니다. (CIP제어번호: CIP2014037118)

방선기

소중한 나의 연약함

하 나 님 의 능 력 이 온 전 해 지 는 틈

포이에마
POIEMA

감사의 말

세상에 있는 모든 사람이 살면서 약함을 체험한다. 그런데 꽤 많은 사람이 그 사실을 인정하지 않고 숨기려고 한다. 아무래도 약함을 강함과 비교하면서 부정적으로 느끼기 때문일 것이다. 사람에게 약함이 있는 것은 지극히 정상적이다. 전능하신 하나님이 육신을 입고 이 땅에 오셨을 때 그분은 인간의 약함을 그대로 지니고 사셨다. 그리고 우리를 구원하시기 위해 약함으로 십자가에 못 박혀 죽으셨다(고후 13:4). 주님도 약함을 체험하셨다면 우리가 약함을 체험하는 것을 부끄러워할 필요가 없다. 그러나 세상에서는 대체로 그것을 피하도록 가르친다.

어느 날 TED 강의에서 '취약함의 힘'이란 강의를 들었다. 브레네 브라운이라는 강사는 "온전한 사람이 되기 위해서는 자신의 약

4
소중한 나의 연약함

함을 인정할 수 있는 용기가 필요하다"고 했다. 공감하는 말이었다. 자기의 약함을 사람들 앞에서 인정하는 것은 쉽지 않다. 정말 큰 용기가 필요하다. 특히 사람들을 이끄는 리더들에게는 더욱 그렇다.《약함의 리더십》이란 책에서도 이 부분을 강조한다. 저자인 댄 알렌더는 진정한 리더가 되기 위해서는 먼저 자신의 약함을 알고 그것을 인정할 줄 알아야 한다는 점을 강조했다. 이것 또한 공감했다.

그런데 나는 나의 약함을 모르고 살아왔다. 스스로 강한 사람이라고 생각해본 적은 없지만 큰 어려움 없이 지내온 것 같아서 내가 약하다는 생각을 하지 못했다. 그런데 언젠가부터 하나님은 내게 약함을 체험하게 하시고 동시에 약함의 중요성을 깨닫게 하셨다. 돌이켜보면 이것은 하나님의 은혜였다. 그래서 약함을 통해서 나타나는 하나님의 능력을 알 수 있었고, 하나님 앞에서 겸손해지고 감사할 수 있었다.

이 책은 나의 신앙 간증이다. 흔히 말하는 구원에 대한 간증이 아니라 약함을 통해서 하나님의 은혜를 체험한 간증이다. 모든 사람들이 놀랄 만한 그런 약함은 아닌, 아주 평범한 약함들이다. 그렇기에 독자들에게 크게 어필하지 않을지도 모르겠다. 그러나 그렇기에 많은 사람이 쉽게 공감할 수 있을 것이다. 이 간증을 통해서 독자들이 자신의 약함을 찾고, 약함을 인정하고 드러냄으로써 그것을 통해 보여주시는 하나님의 능력을 깨닫고 감사하게 되었으면 좋겠다.

글쓰기를 좋아하는 내가 이번 책은 말로 하게 되었다. 이왕이면 읽는 사람들이 듣는 것처럼 느끼는 것이 좋을 것 같아서 그렇게 했다. 두서없이 한 말을 실감 나게 정리해준 이나경 자매에게 감사의 말씀을 드리고 싶다. 제대로 팔릴지 모를 책을 기꺼이 출판하도록 허락해준 포이에마의 김도완 목사님께도 감사드린다.

2014년 12월

방선기

그러므로 우리는 낙심하지 않습니다.
우리의 겉사람은 낡아가나
우리의 속사람은 날로 새로워집니다(고후 4:16).

차례 /

약함에 깃든 은혜

2011년, 내 50대의 마지막 가을을 보내고 있을 때였다. 가을을 보내고 겨울이 지나면 맞닥뜨리게 될 이순(耳順)의 봄. 귀가 순해져서 객관적으로 듣고 이해한다는 이순, 60이 비로소 시작된 것이다. 60대 진입이 달갑지 않아서였을까? 그해 가을, 나는 지독한 우울을 겪었다. 갑자기 찾아온 무력감에 당황스러웠다. 태어나서 처음 겪는 깊은 우울. 모든 일에 의욕이 없고 어떤 일도 자신이 없었다. 죽음에 대한 생각도 많아졌다. 마음에 애초부터 아무 근육이 없었던 것처럼 나는 깊은 바닥에 널브러져 있었다.

무력감에 빠져 허우적거리다 인터넷에 올라와 있는 우울증 테스트를 클릭해보았다. 결과는 예상대로 부정적이었다.

귀하는 무시하기 힘든 우울 상태입니다. 마음이 어둡고 사소한 자극에도 우울한 기분을 느끼고 있습니다. 신체적인 증상이 나타날 수도 있습니다. 사람을 만나는 것이 반갑거나 즐겁지 않아 대인관계도 원만하지 못한 상태입니다. 지금은 장래에 대한 희망도 느낄 수 없을 것입니다. 우울한 상태에서 벗어나기 위한 적극적인 노력이 필요합니다. 현재의 상태가 2개월 이상 지속될 경우, 전문가의 도움을 받아야 합니다.

결과는 쓸쓸했지만, 우울증이라고 설불리 판단하지는 않았다. 다만, 지금 같은 시간이 지속된다면 우울증이 될 수도 있겠다 싶었다.

어떻게 해야 할까 고민했다. 아무 일도 없는 것처럼 그대로 지내기가 어려울 만큼 어떤 조치가 필요했다. 먼저 교회를 잠시 쉬기로 했다. 내 속은 엉망인데 그것을 감추고 교회 식구들 앞에서 계속 설교를 하는 것은 무의미했다. 이대로라면 아무것도 할 수 없을 것만 같았다. 몇 해 전 꼼짝도 하기 어려울 만큼 엄청난 육체의 질병으로 고통을 겪으며 힘든 시간을 보냈지만, 그때도 이렇게 비관적인 그림자가 내 안에 깃들지는 않았다. 하지만 이번에 찾아온 전신적인 무력감과 정신적인 우울감은 견디기 어려울 만큼 강력한 타격을 주고 있었다. 한 번 무너지기 시작하니 속마음은 도미노처럼 우르르 뒤로 넘어갔다. 이 약함 앞에 나는 손쓸 도리가 전혀 없었다.

그런 우울이 계속되던 어느 가을날이었다. 외부 강의가 있어 집이 아닌 다른 곳에서 머물고 있었는데, 이른 새벽에 나도 모르게 눈이 떠졌다. 그 순간, 말씀 한 구절이 떠올랐다. "내 은혜가 네게 족하다. 내 능력은 약한 데서 완전하게 된다"(고후 12:9). 잘 알고 있는 말씀, 늘 외우던 구절, 자주 인용하던 내용, 그래서 딱히 새로울 것도 없을 것 같은 바울의 고백이 전기처럼 내 정신을 훑고 지나갔다. 그 순간, 완전히 새롭게!

내가 약할 때 온전해진다는 이 말씀, 즉 내가 연약해진 순간이 곧 하나님의 능력을 체험하는 기회라는 그 말씀에 나는 전기충격을 받은 듯 완전히 새로운 사람이 되었다. 곧 전신에 평안이 차오르는 것이 느껴졌다.

그 새벽, 나는 벌떡 일어나 지금까지 살아온 날들을 되돌아보았다. 내 생애 약했던 시간들이 거짓말처럼 하나둘 떠올랐고, 그때마다 하나님의 능력을 절감하며 감사했던 기억들이 되살아났다. 나는 곧장 내 인생의 '약함'의 때와 그때마다 체감한 하나님의 '강함'을 적어 내려갔다.

놀라웠다. 내가 약할 때 하나님의 능력이 나타나 온전해진다는 말씀이 내 생애 수없이 이루어졌다는 것을 발견하고 확인했다. 약할 때 나는 온전하심을 입었고 그때마다 감사했다. 하지만 내 약함과 약함 사이에 하나님의 능력이 연결고리가 되어 마침내 완전해진 것이 내 인생임을 그때는 미처 알지 못했다. 이 사실을 깨닫자 마음이 놀랍도록 회복되기 시작했다. 지금의 약한 마음도 하나님의 능력을 체험하기 위한 또 하나의 과정이자 기회가 된다는 믿음이 생겼다.

약함의 연속이었던 삶

하나님은 우리의 약함을 약한 그대로 버려두지 않으신다. 반드시 보완책과 기회를 함께 주신다. 성경에도 약함을 그대로 가진 채 하나님께 사용된 인물들이 많다. 바울은 치밀하고 논리 정연한 글로 정평이 났지만 그의 입은 어눌했다. 말에 약한 바울 옆에는 아볼로가 있었다. 바울의 평생 동역자인 아볼로는 달변이었다. 모세의 사정도 비슷했다. 모세는 자신을 부르신 하나님 앞에서 대놓고 자신은 말에 둔하니 다른 사람을 보내라고 강청했다. 말에 약한 모세 옆에는 말에 능한 아론이 있었다. 천국에서 말에 약한 사람 동호회를 한다면, 나 또한 그곳 문을 두드려야 할 것이다.

돌아보니 내 삶은 약함의 연속이었다. 다른 사람이 볼 때는 그렇지 않더라도, 나는 많은 약함을 넘고 넘어왔다. 하나님은 그 약함을 그대로 사용하시기도 하고, 약함을 통해 하나님의 능력을 보여주시기도 했다. 그렇게 나는 약함 속에서 하나님과 그분의 능력을 만났다. 이 책은 나의 약함에 대한 고백인 동시에, 약함으로 점철된 내 인생에 드러난 하나님의 능력에 대한 간증이다.

친구들과 가족들, 교회 식구들, 직장 동료들, 그리고 나의 개인적인 이력을 아는 사람들과 가깝게 지내는 지인들은 내 인생을 이야기하면서 선택한 주제가 '약함'이라는 사실에 좀 의아해할지도 모르겠다. 아니, 이 주제 자체가 나와는 전혀 동떨어진 주제라고 생각할지도 모른다. 다음은 가장 빤한 스타일로 적어본 나의 프로필이다.

경기중·고등학교 졸업
서울대학교 화학공학과 졸업
리폼드 신학교 졸업
미국 컬럼비아 대학교 교육대학원 박사
직장사역연구소 대표
이랜드 그룹 사목
합동신학교 겸임교수

이력서의 칸칸을 채운 줄거리만 본다면 그렇게 보이기 쉽다. 하지만 어느 시인의 말대로 흔들리지 않고 피는 꽃이 어디 있을까. 다행히 나는 하나님을 아는 인생을 살아서 뿌리째 흔들린 적 없이 크고 작은 바람을 맞을 때마다 약함 속에서 하나님의 능력을 체험할 수 있었다.

**아픔이 있음에
감사**

"별 어려움 없이 살아오신 목사님은 잘 모르시겠지만."
"목사님은 이런 고생 안 해보셨을 거예요."
"이런 일 안 겪어보셔서 목사님은 짐작도 못하실 겁니다."
"목사님은 돈 걱정 없이 사셨을 테니 어떻게 아시겠어요."

이런 이야기를 적잖이 듣는 편이다. 내 이력을 대충 들어 알고 있는 이들은 내 얼굴과 이미지를 보고 "방선기 목사는 꽤 평탄하게 살아왔다"고 거의 확신한다. 그래서 자신의 어려운 사정을 털어놓으면서 일찌감치 방 목사는 잘 모를 것이라는 전제를 깔고 말한다. 자녀의 성적이 시원찮아서 대학입시로 고민이 많다는 사람은 서울대 나온 방선기 목사는 자신의 고민을 공감하기 어려울 것이라고 생각한다. 어렵사리 아르바이트로 미국 유학을 마친 이는 3년 반 만에 미국의 명문 대학인 컬럼비아 대학 박사학위를 딴 방선기 목사가 말로 다할 수 없는 유학생활의 고단함을 어찌 알겠느냐고 단정한다. 여기저기 알아주는 자리에서 강의하고 이랜드에 몸담고 있는 방 목사가 직장인이 겪는 해고와 실직의 아픔을 알 턱이 없다고 말한다. 강의도 설교도 술술 내놓으니 방선기 목사는 말하는 것을 좋아하고 대중 앞에 서는 일쯤은 아무렇지도 않을 것 이라고 지레짐작한다.

그때마다 나의 반응은 단순하다. "쩝…."

학교 공부를 잘하기는 했지만 나는 대학입학시험 첫 날, 가장 잘하고 자신 있어 했던 수학 시험을 치다가 참을 수 없는 복통 때 문에 중간에 시험을 포기하고 교실 밖으로 나와야 했다. 이과생이 수학 시험을 다 풀지 못했으니 합격은 물 건너간 것처럼 보였다. 미국에서 유학하며 숱한 아르바이트를 했는데, 그중 압권은 한밤 에 사무실을 청소하는 일이었다. 그때 하도 고생을 많이 해서 나 는 지금도 다 마시지 않은 콜라를 휴지통에 던져 넣는 사람을 제 일 싫어한다. 콜라가 남아 있는 컵이 든 휴지통을 비우다 골탕 먹 은 게 한두 번이 아니기 때문이다. 미국에서 돌아와 처음 일하게 된 직장에서 가장 신뢰하던 대표로부터 해고를 통보받고 나는 석 달 동안 출근하는 것처럼 집을 나와 공원과 산을 전전했다. 많은 사람들이 알지 못하는 또 하나의 사실이 있다. 사람들 앞에 서서 말하는 걸 두려워한 나머지 학창 시절 반장하는 걸 극구 피했을 뿐만 아니라, 목사가 된 후로도 청중 앞에 서기 전에는 엄청나게 떨고, 설교 중에도 듣고 있는 사람들과 눈도 마주치지 못한다.

남들도 모르고 나도 잘 몰랐다. 남들도 내가 어려움 없이 살아왔다고 보았고, 나 역시 그랬다고 생각했다. 힘든 일은 있었지만 그때마다 잘 해결되었기 때문에 별로 힘들지 않게 살았다고 생각했다. 그래서 나의 약함을 제대로 의식하지 못했던 것이다. 하지만 이번에 깊은 우울감에 빠져 있다가 나의 약함을 발견하고 그 약함 가운데 체험한 하나님의 능력을 깨달으면서 내 인생을 새롭게 조명하게 되었다. 약함이라는 프리즘으로 살펴본 내가 살아온 날들 속에서 하나님은 내가 어려움을 마주할 때마다 내 능력을 훌쩍 뛰어넘는 당신의 능력으로 내 생애를 오묘하게 인도하셨던 것이다.

약한 내 인생, 그리고 강한 하나님의 능력. 이 책에 나오는 이야기들은 '나'라는 한 인간이 겪은 가장 약한 순간이자 사건이면서, 하나님의 능력으로 온전해졌음을 뒤늦게 깨닫고 읊조린 감사의 고백이다. 자, 이제 약함에 깃든 은혜라는 비밀을 털어놓을 시간이다.

01

나의
무대공포증

초등학교 시절, 사촌 누이들과

바른말을 하기 위해서는 용기가 필요하고, 바른말을 잘하기 위해서는 지혜가 필요합
니다. 지혜는 있는데 용기가 없으면 말을 하지 못하고, 용기는 있는데 지혜가 없으면
잘 전달하지 못합니다. _2013년 6월 17일 트위터 글

내 이름 뒤에는 언제나 '목사'가 붙어 있다. 목사 안수를 받은 후로 교회에서든 직장에서든 언제 어디서 누구를 만나도 사람들은 나를 '방선기 목사'라고 부른다. 아주 오래전, 〈빛과 소금〉과 〈목회와 신학〉 편집부장으로 일했던 적이 있는데, 그때도 나를 '방선기 부장'으로 부르는 사람은 한 사람도 없었다. 직장사역연구소 소장으로 일할 때도 나를 '소장님' 이라고 부르는 소리를 들어본 적이 없다. 물론 내가 목사인 것을 모르는 사람들은 소장이라고 부르기도 한다. 나를 소장이라고 부르면 날 잘 모르는 사람이라고 생각했다.

목사 안수를 받은 후로 나는 늘 '방선기 목사'였다. 두 단어는 언제나 세트로 묶여 있었다. '목사'라는 직임이 내 이름 석 자와 함께 있다는 건, 내가 가장 많이 하는 일이 무엇인지 단박에 알려

준다. 짐작하겠지만 바로 '설교'다. 목사인 이상 '설교'는 나의 가장 중요한 일 중에 하나다(그리고 기도 또한 설교와 함께 세트로 자주 따라온다).

직장, 교회, 여러 모임에서 나는 설교를 한다. 회중이 모여 예배를 드리는 자리에서 설교는 대부분 나의 몫이다. 또 신학교에서 직장사역 분야를 가르치고 있어서 학교에서뿐만 아니라 이 주제의 강연을 요청받아 외부에서도 수시로 강의를 한다. 이렇게 설교와 강의는 내 스케줄에서 가장 많은 비중을 차지하는 일들이다. 미국 유학을 마치고 한국에 돌아온 후로 지금까지 늘 설교와 강의 속에 있었다고 해도 그리 틀린 말은 아니다. 20년 이상 이 일을 해왔고, 또 하고 있으므로 사람들은 내가 설교하거나 강의하는 일을 아주 자연스럽게 또는 당연한 것처럼 받아들인다. 그리고 그 생각은 곧잘 설교나 강의가 내게 '아무렇지도 않은 일'이라는 단정으로 이어진다.

하지만 그것은 오해일 뿐, 내 사정은 전혀 그렇지 않다. 이제야 고백하건대 나에게는 무대공포증이 있다. 사람들 앞에 서면 엄청나게 긴장하고 떤다. 강단이든 무대든 마이크 앞에 서면 주눅이 든다. 말씀의 선포든 강의든 무대 위에서 그 시간을 또 어떻게 넘겨야 할지 걱정부터 앞선다. 마이크 앞에 설 시간을 기다리며 단 아래 앉아 있을 때, 손에서 땀이 나고 숨이 가빠온다. 설교안이나 강의안을 만지작거리거나 두꺼운 성경책을 움켜쥔다. 마이크 앞에 서서 좌중을 둘러보면 눈을 어디에 두어야 할지 몰라 난감할 때가 한두 번이 아니다. 그래도 수십 년 동안 설교든 강의든 혹평의 뒷담화를 듣지 않은 걸 보면 나의 무대공포증이 아직은 탄로나지 않은 것만은 틀림없다.

이런 내 사정을 들으면 대개는 깜짝 놀란다. "무대공포증이 있으시다고요? 설교하시는 걸 보면 전혀 모르겠어요." "아니, 오랫동안 설교랑 강의를 하셨잖아요. 무대공포증이 있는 사람이 어떻게 그럴 수 있죠?" 경험이 쌓이면서 연기도 좀 늘었던 걸까? 여하튼 무대공포증은 지금도 나에겐 약함이다.

무대공포증의
시발점

사람들 앞에서 '말하는 것'을 업으로 삼는 '목사'가 대중 앞에 서는 것이 두렵고 떨린다니, 고백하는 나도 조금은 쑥스럽다. 하지만 그 또한 나의 모습이다. 내 모습이었으나 지금껏 드러내놓고 말하지 않았을 뿐이다. 무대공포증이라는 나의 오래 묵은 약함.

무대공포증에 대한 최초의 기억은 유치원 때로 거슬러 올라간다. 내 나이에 유치원이라는 학벌의 시작이 좀 별스러워 보이지만, 우리 집안이 다니던 교회의 유치원에 자연스럽게 가게 되었다. 당시 크리스마스는 교회 행사 중 가장 대대적인 축제였다. 어른들은 크리스마스 칸타타로 아기 예수 오심을 경배했고, 아이들은 암송이나 찬양, 연극 등으로 이 축제에 참여했다.

유치원생 방선기도 그 축제에서 잠깐 동안 스포트라이트를 받게 되어 있었다. 꼬마 방선기에게 주어진 미션은 성탄 축하 무대에서 누가복음 1장 30-38절을 암송하는 것. 마리아에게 천사가 나타나 하나님의 은혜로 예수를 낳게 될 것을 고지하고, 그 엄청난 사실 앞에 마리아가 순종을 고백하는 대목이었다. 선생님은 내 손을 잡고 나를 무대 위로 올려 보낼 준비를 하셨다. 가슴이 쿵쾅거리고 답답했지만, 그것이 무엇을 의미하는지 그때는 잘 몰랐다. 결국 나는 마지막 용기를 내어 선생님의 손을 놓으며 말했다.

"모… 못… 못하겠어요, 선생님."

내 얼굴의 긴장을 다 읽으신 듯 선생님은 내 눈높이에 맞춘 자세로 앉더니, 내 어깨를 꼭 움켜쥐며 나를 차분하게 바라보셨다. 하지만 그때 나는 요즘 말로 하면 '무대울렁증' 상태였던 것 같다. 눈앞에 아무것도 보이지 않고, 머리는 텅 비어 있었다. 불과 몇 초 사이에 말이다.

"아뇨, 못하겠어요."

어떻게 해야 할지 몰라 울음이 터지기 일보직전이었다.

"선기야, 왜 그래? 잘했잖아. 처음에 '천사가 이르되 마리아여…'로 시작하지?"

선생님의 얼굴에 당황한 기색이 역력했다.

옆에서 장남의 이해할 수 없는 돌발행동을 지켜보던 엄마는 내 손을 낚아채더니 건물 귀퉁이에 있는 지하 쪽으로 나를 데려갔다.

"너 왜 그래? 그것도 하나 못 외워? 지금 와서 못하겠다고 하면 어떻게 해? 할 거야, 안 할 거야? 정신 똑바로 차려!"

이북 사람의 억센 억양을 가진 엄마 목소리에 내 심장은 더 쪼그라들었다. 고개를 떨어뜨린 채 아무 말도 못하는 내가 답답하고 속이 상했는지 엄마의 손바닥이 내 등짝으로 서너 차례 날아왔다. 등짝이 아프긴 했지만, 그래도 잘해봐야겠다는 생각은 눈곱만큼도 들지 않았다. 무대 위에 어떻게 올라가나 하는 걱정뿐이었다. 그럴수록 엄마의 다그침은 더 심해졌다. 무대에 올라갈 생각은 전혀 없었지만 엄마가 무서웠다. 나는 기어들어가는 목소리로 말했다.

"해… 해볼게."

예배당에 다시 들어와 무대 앞에 서기는 했지만 나는 이미 돌처럼 굳어 있었다. 선생님은 이 비상상황을 잘 간파하셨다. '아, 이 아이는 무대에 못 서겠구나.'

나는 그날 결국 무대에 오르지 못했다. 하지만 성탄 축하 자리에 모인 성도들은 나의 암송을 모두 들었다. 무대 위가 아닌 무대 구석에 숨어 암송을 했기 때문이다. 그 축제의 자리에서 나는 거의 공포에 질린 목소리로 "대저 하나님의 모든 말씀은 능하지 못하심이 없느니라"라는 말씀을 울먹이면서 외웠다.

처음으로 맛본 인생의 쓴맛이었다고나 할까. 비참한 기분이 들었다. 다른 친구들은 애초부터 무대가 자신의 전유 공간이었다는 듯 아무 어려움 없이 춤추고 노래하는데, 나는 왜 못했을까? 부끄러움과 자책감으로 그 성탄절은 내게 세상에서 가장 우울한 하루가 되어 버렸다. 기억 속 그날의 사건은 나의 무대공포증의 시발점이었다.

무대공포증은 교회생활 내내 발목을 잡았다. 교회에서 꽤 열심히 신앙생활을 한 데다가 비교적 똑똑하다는 소리를 들었기 때문에 선생님과 친구들은 일만 있으면 나를 앞으로 내보냈다. 남의 속도 모르고 말이다. 앞에 나서는 일은 나에게 그야말로 고역이었다. 누구 앞에서든 당당하게 제 할 말 다 하는 후배들, 아무 문제없이 말 잘하고 노래 잘 부르는 동생들을 보면서 나는 속이 상했다. 나의 무대와 발표에 취약한 모습은 그 후로도 계속되었다.

공부를 잘하면 학교에서의 감투는 모두 그 사람이 쓰는 게 당연하게 생각되던 시절이 있었다. 지금이야 학교에서도 반장선거를 치열하게 하고 심지어 선거전도 뜨겁다고 하지만, 그때만 해도 공부 잘하는 아이들이 반장이고 회장이고 모두 도맡았고 그것이 당연하게 통용되었다. 나 역시 초등학교 시절에는 똑똑하다는 소리를 제법 들으며 주목받는 아이였다. 하지만 반장은 정말 하기 싫었다. 공부 잘하는 남자아이들 사이에서 반장을 한다는 것은 대표 이상의 의미가 있었다. 그럼에도 나는 반장만은 하고 싶지 않았다. 앞에 나가서 말을 해야 하는 일이 너무 많기 때문이었다. 그래서 6년 동안 나는 반장을 딱 한 번 했다. 그 시절 성적표에 실린 나에 대한 평가는 당시의 나를 웅변해준다. "발표력이 부족함."

학교에서 '발표력 부족' 범생이가 교회에서라고 달라질 턱이 없었다. 중고등부 시절, 교회에서 내내 회장이었지만, 여전히 앞에 나서는 일은 전혀 체질에 맞지 않았다. 어떻게든 피할 구실을 찾아냈다. 일상적인 모임에서는 회장 역할을 그럭저럭 해냈지만, 사람들 앞에 서기만 하면 나는 한없이 작아졌다. 그때부터 청중은 두려운 대상이 되었다.

머리를 썼다. 회장 역할은 맡되, 청중 앞에 나가서 말하는 건수는 최대한 줄이고 부득불 그럴 일이 생기면 말 잘하는 얼굴마담을 내세웠다. 나서기 좋아하고 말발 좋은 후배들에게 인심 좋게 양보했던 것이다. 말이 좋아 '양보'지, 실제로는 내가 할 일을 그들에게 떠넘긴 '직무유기'에 가까웠다.

사람 앞에 서는
두려움

기회가 되어 미국에서 신학을 공부했다. 당연히 영어로 공부하는 것에 대한 부담이 제일 커야 하는데도, 나는 나의 약한 부분에 가장 신경이 쓰였다. 앞으로 사람들 앞에서 설교를 해야 할 텐데, 과연 그럴 수 있을까? 일대일 또는 그룹 성경공부 형식으로 가르치는 것은 누구보다 자신 있었다. 그런데 대중을 상대로 무언가를 가르치고 선포하는 것은 생각만 해도 힘들었다. 여전히 대중 앞에서 말 한 마디 하는 일이 내게는 어렵고 불편했다.

딴에는 그 일로 스트레스를 엄청나게 받았던 것 같다. 하루는 꿈속에서 서울 모교회 대학부에서 신 나게 술술 설교를 하고 있었다. 그 꿈을 꾸고 아주 기분이 좋았다. 현실에서는 불가능한 일이었는데 꿈속에서나마 성공했기 때문이다.

처음 설교했던 기억이 지금도 선명하다. 1983년, 미시시피 주립대학교에서 개척한 유학생 교회에서였다. 모든 '처음'에는 미숙함의 전제 아래 설렘과 두려움이 공존한다. 그중 어느 쪽이 더 큰가에 따라 결과는 크게 달라진다. 첫 설교를 앞두고 나에겐 설렘보다는 두려움의 비중이 훨씬 컸다. 두려움에 맞설 대비책으로 내가 할 수 있는 일은 '철저한 준비'였다. 몇 날 며칠 동안 설교 준비에 매달렸다. 내용을 완성하고 수십 번 곱씹어 거의 암기했을 정도였다. 완벽한 준비였다. 하지만 강대상 위는 냉엄했다. 머릿속의 선명한 내용에도 불구하고 나는 사람들 앞에서 덜덜 떨었다. 30년 전 그날 설교하던 내 모습이 동영상으로 남아 있다면 만인에게 빵 터지는 웃음을 선사했을 테고, 나 역시도 애틋한 마음으로 그때를 추억했을 것이다.

그 후로 설교는 나에게 숙명이 되었다. 기독교적으로 표현하자면 소명이라고 하는 편이 맞겠지만, 소명으로 받아들이기에 설교는 나에게 여전히 어렵고 부담스럽다. 단지 사람들 앞에만 서면 떨린다는 이유로 말이다. 그래서 그랬는지 신학교 과정 중에서 〈설교학〉 관련 과목들에는 죄다 관심이 없었다. 훌륭한 설교자가 되는 각종 비책들이 나와는 무관하게 보였다.

그나마 설교의 매력에 눈을 뜨게 된 건 강해설교의 대가인 데니스 레인을 만나면서부터다. 1980년대 후반 두란노서원에 몸담으면서 데니스 레인의 강해설교 세미나 통역을 맡았는데 그 후로 설교에 재미를 붙이게 되었다. 그때부터 설교 준비는 내게 즐거운 일이 되었다.

설교는 나에게 어려운 일이지만 설교를 준비할 때면 행복하고 즐겁다. 아주 신이 나서 준비에 몰입한다. 하지만 설교를 하는 것은 완전히 별개의 문제다. 오래전에 쓴《설교하기는 힘들어도 설교 준비는 즐겁다》라는 책 제목에는 내 마음이 고스란히 담겨 있다. 목사가 되었음에도 대중 앞에 서는 일은 "그대(들) 앞에만 서면" 작아지는 나의 약함으로 남아 있다.

나를 인정하는
일

지금은 설교나 강의를 자주 하기 때문에 이전 같은 두려움은 많이 없어졌다. 30년 동안 그 일을 가장 많이 해왔으니 자연스러운 결과일 수도 있겠다. 언젠가 내 강의를 들은 어떤 분으로부터 "정말 말씀을 잘한다"라는 칭찬을 들은 적이 있다. 그분 말씀을 듣고 깜짝 놀랐다. 가르친 내용이 좋았다는 평가는 그래도 받아들일 수 있는데, "말을 잘한다"는 생각은 나를 제대로 본 게 아닌 것 같았기 때문이다. 아마 수십 번 했던 강의라서 내가 거의 외우다시피 한 것이 그렇게 '달변'으로 보였던 모양이다. 그런 평가를 듣기는 했어도 나는 여러 사람 앞에 나가 말하는 것보다는 소그룹으로 이야기하는 쪽이 훨씬 편하다. 무대 위에 서서 말하는 것보다 책상에서 강의나 설교를 준비하는 과정에서 더 희열을 느낀다.

지금도 내가 보기에 나는 설교를 잘 못하는 사람이다. 그런 생각에 혼자서 주눅 들 때도 많다. 단 위에 올라가기 전에는 여전히 두근두근하고, 올라가서는 시선 처리가 곤란하다. 가끔 청중을 압도하는 설교자들을 볼 때 눈이 휘둥그레질 때가 있다. 하지만 부러운 생각은 들지 않는다. 내가 노력한다고 해서 따라잡을 수 있는 대상이 아니기 때문이다. 그래서 부럽지도, 질투가 나지도 않는다. 그들은 나와 다른 종류의 사람들이다. DNA가 다른 걸 부러워하거나 질투할 필요는 없다.

어떤 이들은 나의 무대공포증을 내 약점이라고 생각한다. 그러나 그것은 약점이 아니라 나의 약한 부분이다. 약점은 잘못된 것이므로 고쳐야 하지만, 약한 부분은 개선의 여지가 상당하다. 자신의 약한 부분을 인정하는 것이 먼저 필요하고, 그 부분을 조금씩 보강해나가야 한다.

하지만 노력한다고 해서 약한 부분이 모두 강해지지는 않는다. 약함은 노력을 통해 강함이나 완벽함으로 변화, 발전되지 않을 수 있다. 자신의 약함을, 그리고 그 약함이 지속될 수 있다는 것을 인정하는 것은 하나님 앞에서 자신을 있는 그대로 인정하는 것이다.

**우리의 약함은
감사의 조건**

논리적이었던 사도 바울도 말의 힘은 좀 떨어졌던 것으로 보인다. 그는 고린도교회 성도들로부터 글은 잘 쓰는데 말은 잘 못한다는 비난을 받았다. "바울의 편지는 무게가 있고, 힘이 있지만, 직접 대할 때에는 그는 약하고, 말주변도 변변치 못하다"(고후 10:10). 사도 바울의 언변이 당시 다른 지도자들에 비해 좀 부족했던 것은 사실로 보인다. 그러나 알다시피 하나님은 바울을 사용하셨다.

모세 역시 언변에 약했다. 출애굽기에 나오는 그의 고백을 듣고 하나님은 그의 입을 대신할 사람을 붙여주셨다. "모세가 주님께 아뢰었다. '주님, 죄송합니다. 저는 본래 말재주가 없는 사람입니다. 전에도 그랬고, 주님께서 이 종에게 말씀을 하고 계시는 지금도 그러합니다. 저는 입이 둔하고 혀가 무딘 사람입니다.'"(출 4:10). 하나님은 모세의 언변을 이미 알고 계셨지만 그를 사용하셨다. 그리고 모세 옆에 그의 부족한 말을 온전케 해줄 말 잘하는 형 아론을 세우셨다. 말을 잘 못해도 전하는 내용이 유익하고 전하는 태도가 진실하면 하나님은 얼마든지 사용하신다.

모세와 바울의 하나님은 방선기의 하나님이기도 하다. 하나님은 메시지를 전달하시는 데 나를 사용하셨고, 감사하게도 나는 평생 하나님이 주신 메시지를 나눌 수 있었다. 어떤 이유에서인지 하나님은 나에게 소명을 주실 때 무대공포증도 함께 주셨다. 그 약함이 있어서 나는 설교 때마다 더 하나님을 바라보고 하나님께 기댄다. 그 약함 덕분에 설교를 두렵고 떨리는 마음으로 준비한다. 그 약함이 없었다면 나는 말의 힘에 휘둘렸거나 과시했을지도 모르겠다. 말 잘하는 것만 믿고 자아도취에 빠지거나 무대 위에서 기고만장하게 말하며 하나님을 바라보는 시력이 크게 떨어졌을지도 모르겠다. 그래서 이제는 약함을 주신 하나님께 감사드린다. 젊었을 때는 약함 때문에 속상하고 절망할 때도 많았지만, 그 약함이 있었기에 나는 하나님의 손을 끝까지 붙잡을 수 있었다.

말을 많이 하는 직업을 가지려는 사람이 말을 잘하는 것은 필수 조건일 것이다. 그렇지만 말을 잘하지 못해도 전하는 내용이 유익하고 태도가 진실하다면 하나님은 얼마든지 그 사람을 사용하신다고 믿는다. 아무리 부족한 사람이라도 하나님이 필요하시다면 그분은 당연히 그를 사용하신다. 하나님은 다섯 달란트 받은 사람만 사용하지 않으셨다. 두 달란트, 아니 한 달란트 받은 사람도 하나님은 얼마든지 사용하신다. 우리의 약함을 메우시는 분은 하나님이시다. 약한 틈을 온전케 하시는 이가 하나님이시다. 그 약함은 하나님의 능력이 온전해지는 틈이다. 우리의 약함은 곧 감사의 조건이며, 하나님과 끝까지 동행할 수 있는 근거다.

02

졸업장으로 받은
은혜

침울했던 초등학교 졸업식의 기억

아이들에게 이 땅에서 없어졌으면 좋겠다고 생각하는 것을 물어보았습니다. 학교 공부와 시험, 그리고 엄마 잔소리였습니다. 천국에는 그것들이 없을 거라고 했더니 아주 좋아했습니다. 이런 천국을 소망하는 아이들에게 지금 천국을 맛보게 해줍시다.

_2012년 6월 20일 트위터 글

나는 대한민국에서 비교적 명문
이라고 인정받는 학교를 졸업했다. 예순을 넘긴 내 나이에 경기중,
경기고, 서울대 출신이라는 학벌을 가졌다면 사람들은 일단 나를
쉽사리 얕보진 않는다. 아니, 어떨 땐 그 이상의 반응을 보인다. 내
가 대단한 실력을 가진 사람이라고 생각하고, 나도 가끔은 그런
착각에 빠진다.

하지만 나에게 일어난 일을 누구보다 내가 잘 알고 있기에 나는
겸손해질 수 있다. '시험'이라는 영역에서 내가 가장 약할 때, 하나
님의 능력이 나타났다고 나는 지금도 굳게 믿고 있다.

나는 약하고
하나님은 강했다

초등학교 시절, 나는 공부를 제법 잘했다. 6학년 내내 1등을 했다. 당연히 최고 명문이라는 경기중학교에 시험을 쳤다. 그런데 시험은 썩 잘 치지 못했다. 시험이 끝나고 정답을 맞춰보니 6개나 틀렸다. 아뿔싸, 떨어졌구나! 그때 경기중학교 입시에서 4개 이상 틀리면 낙방이었다.

졸업식 날, 담임선생님한테 경기중학교에 떨어졌다고 말씀드렸다.

"그럼 우리 반에서 경기중학교에 들어간 사람은 하나도 없구나."

선생님은 무척 속상해하셨다. 그날 기분은 한마디로 엉망이었다. 얼마나 엉망이었는지는 졸업식 사진이 생생하게 증거하고 있다. 내 얼굴도, 엄마의 얼굴도 침통함이 뚝뚝 묻어난다. 최고 중학교가 아닌 다음 서열의 중학교에서 실시하는 2차 시험이나 잘 쳐야겠다고 생각했다.

그러나 이게 웬일인가! 발표장에 가서 확인해보니 합격이었다. 내 눈을 의심했지만, 분명히 '방선기' 이름 석 자가 합격자 명단에 있었다. 내가 계산을 잘못했는지, 아니면 합격 커트라인이 낮아졌는지는 확인할 수 없다. 당연히 떨어졌다고 생각했는데 결과는 합격! 하나님이 나를 합격자로 붙여주신 것이 틀림없었다. 그것 외에 다른 이유를 찾을 수가 없다.

담임선생님에게 합격 소식을 전하러 갔을 때 마침 선생님은 교장선생님에게 우리 반의 경기중학교 진학은 전멸이라는 보고를 하고 나오던 참이었다. 내 합격 소식을 들은 선생님은 나를 데리고 교장실에 들어가 나의 경기중학교 합격을 말했다. 선생님 목소리는 나만큼이나 들떠 있었다.

이렇게 극적인 입학과 달리 경기중학교에 들어가서는 그다지 행복하지 않았다. 시장에서 장사하시는 아버지의 아들로 나는 열등감에 시달렸다. 같은 반 아이들의 집안 배경이나 경제적인 환경은 나와는 비교가 안 될 정도로 우월했다. 하지만 신앙생활은 열심히 했고, 중3 때는 개인적으로 예수님을 영접하는 축복을 누렸다. 교회생활과 주님을 영접한 축복이 없었다면, 나의 중학교 시절은 매우 어두웠을 것이다.

중3이 되어 경기고등학교 입시를 준비할 때도 사정은 여의치 않았다. 교회 수양회를 두 번씩이나 다녀오느라 엄청 피곤해서 입학시험을 치다가 졸기도 했다. 돌이켜보면 어떻게 그럴 수 있었는지 의아하지만, 그래도 무사히 경기고등학교에 입학했다. 역시 나는 약했고, 하나님은 강하셨다.

고등학교 때 성적은 고만고만했다. 고3이 되어서야 정신을 번쩍 차리고 성적을 올리는 데 매진했다. 그래서 서울대 화학공학과에 지원했다. 당시 서울대 이과계열에서는 화학공학과가 전자공학과 다음으로 커트라인이 높은 과였기 때문에 내 실력으로는 꽤 도전한 셈이었다. 시험은 이틀에 걸쳐 치러졌다. 첫날에는 내가 가장 자신 있어 하는 수학시험이 있었다.

초집중을 해도 시원찮을 판에 수학시험을 치는데 배가 살살 아프기 시작했다. 급기야 도무지 앉아 있을 수 없을 정도로 통증이 심해졌다. 중대한 대학입시인 만큼 어떻게든 견뎌보려고 했는데, 도저히 참을 수가 없었다. 결국 시험 도중에 화장실을 갔다. 통증이 좀 진정되어서 교실로 들어가려는데, 시험 감독관이 입실을 막았다. 중간에 나올 수는 있지만, 다시 들어갈 수는 없다는 것이다. 수학 시험지가 놓인 내 책상을 창밖에서 바라보는 마음은 참담했다. 시험을 끝까지 치르지 못했으니 결과는 보나마나였다. 그날 집에 돌아가 어머니에게 상황을 전달했을 때 어머니가 놀라셨다. 그래서 다음날 시험장엔 어머니가 따라오셨다. 하지만 어머니가 오신다고 시험을 더 잘 칠 순 없었다.

다음날 시험은 무사히 치렀지만, 그렇다고 월등히 잘 본 것도 아니었다. 제일 잘하는 수학을 망쳐 완전히 자포자기 상태였다. 암울했다. 그러면서도 한편으로는 2지망이나 3지망에서라도 합격이 되면 좋겠다는 실낱같은 희망을 품었다.

드디어 발표일이 되어, 혹시나 하는 마음에 기웃거린 합격자 발표장의 화학공학과 명단에 내 이름이 있었다. 기쁘기도 했지만 솔직히 얼떨떨했다. 도저히 합격할 수가 없는데, 어떻게 된 일일까? 수학시험을 제대로 쳤어도 합격을 보장할 수 없는 마당에, 시험을 치다 말고 나온 내가 합격이라니. 정말 이해할 수 없는 일이 벌어진 것이다. 그해 커트라인이 낮아진 것인지, 아니면 채점하는 사람이 실수를 한 것인지 알 수가 없었다. 어쨌든 나의 합격이 내 실력 때문이 아니라, 하나님의 은혜라고 고백할 수밖에 없다는 것은 분명했다.

내 인생의
첫 황금기

그렇게 기적적으로 서울대 화학공학과에 입학했지만, 학교 공부는 별로 재미가 없었다. 전공이 내 적성과는 맞지 않다는 것을 느꼈다. 자연히 학교 공부는 멀리하게 되었고, 선교단체에서 신앙 훈련을 받거나 교회 대학부를 섬기는 일에 열심을 냈다. 공부를 안 했으니 대학 성적은 한마디로 별로였다.

졸업 후에는 전공을 통해 직장과 병역 문제를 해결해야 하는 과제가 남아 있었다. 결국 이 두 가지 문제를 동시에 해결할 수 있는 국방과학장교 시험을 치기로 했다. 국방과학장교는 다른 장교 제도보다 훨씬 더 유리한 조건에서 군생활을 할 수 있어서, 당시 많은 공대생들이 국방과학장교 시험을 선호했다.

내가 시험을 치르던 그해, 국방과학장교 시험에서 화학공학 분야의 선발 인원은 2명이었다. 그 시험에는 서울대 화학공학과 친구들 10여 명을 비롯해 약 60여 명이 응시했다. 우리 과 응시생 중에서 내 성적은 거의 최하위였다. 게다가 우리 과를 수석으로 졸업하는 친구가 응시한 바람에 경쟁은 더 치열했다. 그 친구는 '따 놓은 당상'이었으니 나머지 60여 명이 남은 한 자리를 놓고 60대 1로 경쟁하는 꼴이었다. 내가 합격할 가능성은 아주 희박했다. 서울대라는 타이틀 때문에 다른 사람들 보기에는 별 문제가 없는 것 같았지만, 나 자신은 심한 무력감을 느꼈다. 한없이 작아졌고 겸손해질 수밖에 없었다. 그러나 포기하거나 낙심하지 않았다. 합격을 기대하는 것이 욕심일 거라고 생각했지만, 그래도 합격을 위한 기도를 많이 했다.

합격자를 발표하는 날, 이번에도 혹시나 하는 마음에 명단을 확인했다. 역시 내 이름은 없었다. 당연한 결과였지만 씁쓸했다. 과 수석으로 졸업하는 친구와 다른 친구 이름이 나란히 적혀 있었다. 생애 첫 불합격! 예상했던 결과인데도 막상 내 이름이 없으니까 자존심이 상하고 불쾌했다.

그런데 합격자 명단 옆에 붙은 게시물 한 장이 눈에 들어왔다. 그 종이엔 세 사람의 이름과 함께, 명단에 오른 사람은 사무실에 들르라는 내용이 적혀 있었다. 내가 그 세 사람 안에 있었다. 사무실에 가서 뜻밖의 소식을 들었다. 국방과학장교 제도는 이번으로 종료되고, 그해부터 연구소에서 5년을 근무하면 군대를 면제해주는 새 보충역 제도가 실시되는데, 그럴 의향이 있느냐고 물었다. 두 번 생각할 것도 없이 나는 그렇게 하겠다고 말했다. 시험에는 불합격했지만, 결과적으로 합격이나 마찬가지인 셈이었다. 내 실력으로는 틀림없이 불합격이었지만, 하나님의 은혜로 다른 결과를 주신 것이다.

직장생활은 성실하고 즐겁게 해냈다. 지금까지도 그때 함께 일하던 분들과 교제할 정도로 재미있었다. 학교생활은 충실하지 못했지만, 직장에서는 적잖은 연구 성과를 인정받으며 다양한 포상도 받았다. 게다가 국방과학장교가 되었다면 군인 신분이라 해외에 나갈 수 없지만 나는 연구소에 소속된 민간인이라 6개월 동안 프랑스에 장기 출장을 다녀오는 황금 같은 기회도 얻었다. 생애 첫 외국 경험이었다. 그때가 1975년이니 해외에 나가는 일이 정말 희귀한 시절이었고, 나는 스물넷 어린 청춘이었으니 그것은 행운 중에 행운이었다. 무엇보다도 기뻤던 것은 그 첫 직장이 나에게 전도, 양육, 성경공부 인도 등 다양한 신앙훈련의 장이 되었다는 점이다. 나는 직장에서 평신도 목회자의 마음으로 섬기며—그것이 직장사역이라는 것도 모른 채—직장사역의 기쁨을 맛보았다. 그야말로 내 인생의 첫 번째 황금기였다.

나를 약하게
만드신 후

그런데 한 가지 걸리는 점이 있었다. 대학에서부터 전공이 나와 맞지 않는다는 것을 느꼈는데, 직장에서 이 분야가 내 적성은 아니라는 생각이 더 짙어진 것이다. 주변으로부터 인정받는 것과는 별개로 신 나게 일할 수가 없었다. 재미없는 일을 하면서 엔지니어로서 좌절감에 빠졌다. 문제는 일이 재미없는 데서 그친 것이 아니라 조금씩 나의 무능함을 발견하기 시작했다는 점이다. 후배들이 탁월한 엔지니어로서 실력을 발휘하는 것을 볼 때면 내가 남의 옷을 입고 남의 일을 하고 있다는 생각이 들었다. 공장에서 문제가 생겼다는 연락이 오면 동료나 후배들은 어떤 문제인지 이미 감을 잡고 문제 분석을 끝낸 다음 해결책을 내놓았다. 그런데 나는 해결책을 내놓기는커녕 문제 자체를 이해하지 못했다. 그 상황을 견디기 힘들었고, 나 자신이 한심했다.

그런 시간들이 쌓여가면서 고민이 깊어졌다. 나는 승진도 잘하고 인정도 받으니까 꽤 실력 있는 엔지니어처럼 보였지만, 정작 나는 헤매고 있었다. 나 자신이 총체적으로 무능한 것은 아니지만, 적어도 엔지니어로서는 무능하다는 사실을 인정할 수밖에 없었다. 성실하게 일하는 것으로 직장생활을 감당하고는 있었지만, 마음 한켠이 늘 불편했다. 이 분야에서 평생을 보낸다는 것은 곤란하다는 생각이 점점 확신으로 굳어졌다.

상황이 그렇다 보니 점점 딴생각이 들었다. 정말 하고 싶은 일을 하면서 사는 인생을 찾고 싶었다. 내가 좋아하고 잘하는 일이 무엇인지 찬찬히 생각해보았다. 성경을 공부하고 가르치는 일이 바로 그것이었다. 목사가 될 생각은 처음부터 없었고, 그저 신학교에서 공부하는 것을 생각해봤다. 직장을 다니면서 야간에 신학교를 다닐 요량으로 알아봤지만, 길은 열리지 않았다.

신학교에 온 이들의 간증은 대개 잘나가는 일을 하다가, 아니면 좋은 직장을 버리고 주님의 종이 되는 길을 택했다는 내용이 대부분이다. 하지만 나는 그와 달랐다. 직장에서 한계를 느끼게 되었을 때 하나님이 새 길을 열어주시며 그 길로 인도하셨다. 신학교에 가는 과정도 철저하게 하나님의 식대로 이루어졌다.

우연히 집에서 미국에 사는 외사촌 형이 보내준 웨스트민스터 신학교 소개 책자를 보다가 깊이 생각하지 않고 그곳에 편지를 보냈다. 순전히 호기심의 발로였다. 그런데 뜻밖에 아주 친절한 답장이 왔다. 깜짝 놀랐다. 그때만 해도 한국은 지구촌의 후진국이었는데 그곳의 청년이 보낸 편지에 답장을 주다니. 무슨 용기가 났는지 미국 신학교에 관심이 생기기 시작했다. 그래서 몇몇 신학교 주소를 알아내 편지를 보냈다. 그때만 해도 신학교에서 공부할 생각만 있었지, 목사가 될 생각은 없어서 기독교 교육 쪽 학교를 찾아보았다. 내가 편지를 보낸 학교 중에 커버넌트 신학교가 있었는데, 그 학교에서 기독교 교육으로는 자기 학교보다 리폼드 신학교를 추천하고 싶다며 연락해왔다. 그래서 나는 리폼드에도 편지를 보냈다.

여러 학교에서 긍정적인 답변이 왔고 그중에서 나는 휘튼 대학과 리폼드 신학교를 염두에 두었다. 다른 학교들은 그야말로 신학 공부를 위한 학교인 데 반해, 두 학교에는 교육학과가 있었다. 결국 리폼드로 가기로 마음을 정했다. 마음으로는 휘튼 대학에 가고 싶었지만, 충분한 장학금을 약속해준 곳은 리폼드였기 때문이다. 게다가 주변에서 교육학만 공부해서는 나중에 한국 교회에서 사역하기 어렵다는 조언을 듣고 뒤늦게 리폼드에 신학도 공부하고 싶다는 연락을 했는데, 그것도 학교 측에서 흔쾌히 받아들여주었던 것이다.

많은 기도를 했지만 하나님의 특별한 계시를 받지는 못했다. 하지만 진행되는 과정을 볼 때 하나님의 인도하심이라는 확신이 들었다. 일이 내가 상상했던 것 이상으로 착착 진행된 것이다. 한 번도 신학교에 갈 생각을 하지 않았는데, 직장에서 무력감을 느끼면서 전격적으로 신학교 진학으로 방향을 틀었다. 진로는 내가 전혀 예상하지 못했던 방향으로 열렸고, 평소에 관심을 두지 않았던 학교에 진학하게 되었다. 그 과정에서 내가 계획한 것은 하나도 없었다. 그냥 하나님이 그곳으로 나를 데려가신 것이다.

인생의 방향은 생각보다 쉽게 전환되었지만, 그것을 가족들과 나누는 데는 어려움이 따랐다. 아내는 선선히 동의한 반면, 어머니는 많이 힘들어하셨다. 정서적으로 나를 많이 의지하셨던 데다가, 실제적인 집안의 가장으로 경제적인 책임을 지고 있던 내가 공부를 하게 된다면 집안이 어려워지는 것은 불 보듯 빤한 일이었기 때문이다. 하지만 동생들도 다 자라 대학을 졸업했거나 장학금을 받고 대학에 다니며 아르바이트를 하고 있어서 내가 미국으로 간다고 해서 큰 문제가 생길 것 같지는 않아 나는 결단을 내렸다. 담임목사님의 배려로 총신대에서 한 학기를 공부하면서 교회 전도사로 사역했고, 짧게나마 한국 신학교와 교회사역을 경험할 수 있었다.

1980년 8월, 마침내 미국 미시시피 주 잭슨에 있는 리폼드 신학교에서 신학과 기독교 교육학을 공부하기 위해 짐을 풀었다. 긴장과 설렘, 그리고 막막함 속에서 가난한 유학생활이 시작되었다. 6년간의 직장생활에서 받은 퇴직금의 절반을 어머니에게 드리고 남은 절반이 우리의 전 재산이었다. 경제적으로는 극빈에 가까웠기에 하나님의 은혜가 없었다면 생존할 수 없었을 것이다.

신학교에서는 대학 때보다 훨씬 더 열심히 공부했다. 영어로 공부하는 것이라 부족하긴 해도 따라가기엔 무리가 없었다. 무엇보다 신학과 기독교 교육학 공부가 재미있어서 엔지니어링은 내 적성이 아니라는 것을 다시 한 번 확인했고, 이 공부가 정말 나한테 잘 맞는다는 생각이 들었다. 뒤에 나오겠지만 공부와 일을 병행할 수밖에 없었고 그것 또한 유익했다. 한국에서 경험할 수 없었던 밑바닥 노동은 힘에 부쳐 죽을 만큼 힘들었지만, 그것 또한 더없이 소중한 공부가 되었다.

직장에서 무능함을 느끼며 한없이 약해졌지만 하나님의 능력으로 나는 미국으로 터전을 옮겨 신학을 공부하며 거기서 새로운 세상을 맛보았다. 그때도 그랬지만, 엔지니어로 일하는 것보다 신학교에 가는 일이 더 영적인 것이라고 생각하지는 않는다. 다만 엔지니어보다는 목사가 나에게 더 맞는 일이었다. 하나님은 나를 약하게 만드신 후에 당신의 능력으로 나를 신학교로 인도하셨다.

**오래 기다린
좋은 소식**

리폼드에서는 걱정했던 것보다는 쉽게 공부할 수 있었다. 최상의 성적으로 졸업한 것은 아니었지만 그래도 박사 공부를 할 정도는 되었다. 신학 공부를 마친 후에는 교육학 공부가 더 하고 싶어서 몇몇 대학과 신학교에 지원서를 보냈다. 학교 이름은 중요하다고 생각하지 않았기 때문에 그저 적절한 수준의 학교를 선택했다. 신학교에서도 비교적 성적이 잘 나와서 그 정도라면 적당하다 싶은 학교에 충분히 입학할 수 있고 가서도 별로 힘들이지 않고 공부할 수 있겠다는 자신이 있었다.

한편으로는 경제적으로 너무 어려웠기 때문에 한국의 모교회인 성도교회에 장학금을 부탁했다. 그때는 교회에서 유학을 간 신학 생에게 장학금을 주는 일이 거의 없었는데, 나는 무슨 생각에서인 지 교회에 그런 부탁을 했다. 솔직히 큰 기대는 없었다. 그런데 교 회에서 장학금을 주겠다고 결정을 내렸다는 감사한 소식을 전해 주었다. 장학금도 확보되었으니 입학 허가만 나오면 그만이었다.

지원한 대학에서 좋은 소식이 올 거라고 믿었다. 합격은 당연히 될 테고 그중엔 장학금을 준다는 학교도 있을 거라고 예상했다. 성적도 좋고 GRE 점수도 높으니 자신이 있었다. 그런데 이상한 일이 생겼다. 여기저기서 답변이 날아들었는데, 하나같이 입학이 안 된다는 편지들이었다. 너무나 당황스러웠다. 특히 꼭 가고 싶었 던 트리니티 신학교에서도 거절 편지가 왔을 때는 한없이 낙담했 다. 말 그대로 하늘이 무너지는 것 같았다. 당연히 그 학교에 가게 될 것이라고 믿고 시카고에 있는 한인 교회에서 전도사 사역을 하 기로 했던 터라 더 난감했다. 그 교회에서 설교하기로 약속까지 한 마당에 입학 거절이라니. 황당하고 창피했다. 한인 교회 목사님 에게 입학이 안 되어서 갈 수 없게 되었노라고 전화할 때는 정말 마음이 안 좋았다. 어떻게 이런 일이 있을까 싶었다.

잇따른 입학 거절 소식에 신학교 담임교수인 코이스트라 교수 님이 트리니티 신학교에 거절 사유를 알아봐주셨다. 발목을 잡은 건 영어였다. 신학교 성적이나 GRE 시험 성적은 우수하나, 영어 실력이 떨어진다는 것이 불합격 사유였다. 입학서류를 보낼 때 미국 친구들에게 부탁해 다듬어서 보냈어야 했는데, 투박한 나의 외국인 영어 실력을 그대로 보인 것이 화근이라는 것을 그때 알았다. 확인할 수는 없지만 입학원서를 보낸 모든 학교로부터 불합격 통지를 받은 것은 영어 때문이라는 심증이 갔다. 여태껏 원하던 학교에는 언제나 합격했던 나는 충격에 휩싸였다.

무엇보다 힘들었던 건 별 기대 없이 요청했던 모교회로부터 장학금을 주겠다는 소식이었다. 교회에서 장학금 지급 불가라는 연락을 받았다면 박사 공부를 하는 건 하나님의 뜻이 아니라고 확신하고 서울로 돌아올 짐을 꾸렸을 것이다. 오라는 학교도 없고 장학금도 보낼 수 없다는 통보라면 하나님의 뜻은 너무나 분명하지 않은가. 받아주는 학교가 없어서 장학금은 필요 없게 되었다는 편지를 교회에다 보내는 것은 정말 자존심이 허락하지 않았다. 이때 정말 기도를 많이 했다. 도대체 하나님의 뜻이 무엇이냐고 따지듯 기도했던 기억이 난다. '장학금을 보내주신 하나님이 왜 학교는 허락하지 않으십니까?' 나는 기도하고 또 기도했다.

그러던 중 코이스트라 교수님이 입학원서를 내보라며 학교를 하나 소개했다. 컬럼비아 대학교 교육대학원이었다. 아니, 이 마당에 아이비리그의 명문 대학에 지원을? 꿈도 꿔보지 않았던 학교였다.

"아니 제가 지원한 모든 학교에서 불합격 통지를 받았는데, 이 학교에 합격할 수 있겠습니까?"

도무지 이해할 수 없다는 나에게 교수님은 안타까운 얼굴로 답했다.

"입학원서를 받는 학교는 이제 이곳밖에 없네."

당황스러웠다. 이미 시간이 많이 흘러 입학사정 결과를 통보하는 때니까, 입학원서를 내기엔 시기가 너무 늦었던 것이다. 남은 학교는 딱 한 군데, 컬럼비아 대학교 교육대학원이었다. 아무 대안이 없었다. 절박한 심정으로 미국인 친구들에게 입학원서 내용을 다듬어달라는 부탁도 잊지 않았다.

결과를 기다리는 한 달 동안 나는 가시방석에 앉아서 지냈다. 여기서도 불합격 통지를 받게 되면 어떻게 해야 할까? 한국으로 돌아가야 하는데, 그럼 어떻게 되는 걸까? 교회 어른들한테는 뭐라고 말해야 하지? 꿈쩍도 않는 바윗돌 하나가 가슴에 들어앉아 있는 것만 같았다. 답답하고 막막했다. 할 수 있는 일은 기도뿐이었다. 간절하고 절박한 기도가 마음에서 흘러나왔다.

한 달 후, 드디어, 컬럼비아 대학교 교육대학원으로부터 편지가 왔다. "귀하의 입학을 승인합니다." 얼마나 기뻤는지 모른다. 가슴속 바윗돌이 사라지고 겨드랑이에서 날개가 돋아 날아갈 것만 같았다.

내가 지닌 학벌과는
상관없이

"컬럼비아 대학교 교육대학원은 실력이 있으니까 가신 거지요?" 누군가 그렇게 묻는다면 "YES!"라고 말할 자신이 없다. 하나님이 내 모든 세포에서 완전히 힘을 빼신 후에 당신의 능력을 보여 합격시켜주신 것이기 때문이다. 수학시험을 완전히 망치고도 서울대에 들어갈 수 있었던 것도, 모든 학교에 다 떨어지고 최후에 컬럼비아 대학교 교육대학원에 합격한 것도 모두 내 힘으로 이루어졌다고 말할 수가 없다. 내가 한없이 약할 때 일어난 일들이지 않은가? 그때 나는 하나님의 능력을 입었다. 시험에 떨어질 뻔한 것을 붙여주시는 것만이 하나님의 능력이 아니다. 원하는 학교에 들어가지 못했다면 그것을 통해 하나님은 우리를 약하게 만드시지만, 나중에 어떤 통로를 통해서든 하나님의 능력을 보여주신다. 하나님은 자녀들에게 은혜 주시는 것을 아까워하지 않으시는 분이다. 우리의 약함은 하나님의 능력이 빛나는 기회다.

우리나라 사람들은 좋은 학교에 가는 것에 극도로 많은 관심을 갖고 있다. 특히 일부 부모들은 자녀를 좋은 대학에 보내는 것에 인생의 전부를 건 사람들처럼 보일 때도 있다. 대학입시는 국가적 관심사이고, 사교육은 모든 가정의 절대 필수로 자리를 잡은 지 오래다. 신앙을 가진 그리스도인이라고 해서 예외는 아니다. 안타

깝지만 교회 안에도 그런 풍조가 만연해 있다.

그러나 좋은 대학은 따로 있는 게 아니다. 하나님이 나를 위해 준비한 학교라면 다 좋은 학교라고 생각해야 한다. 그럼에도 그리스도인 역시 세상 사람들의 기준과 별반 다를 것 없이, 명문 학교는 좋은 학교라는 등식을 갖고 있다. 심지어 명문 학교에 들어가 하나님께 영광을 돌렸다는 간증이 그리스도인들에게 적잖은 영향을 미친다. 하지만 그것은 중대한 실수다. 하나님의 영광을 세속화시키기 때문이다.

하나님은 자기 백성들이 이른바 세상에서 인정받는 좋은 학교에 다니면 영광을 받으시고, 그렇지 않으면 영광을 못 받으시는 그런 분이 아니다. 아니, 더 솔직하게 말해서 하나님은 우리가 어떤 학교에 입학하고 어느 학교에 다니는지 아무 관심이 없다. 대신 우리가 그 학교에 들어가기 위해 어떻게 준비했는가, 어떻게 살면서 공부했는가, 그 학교에 다니는 동안 하나님과 어떻게 교제했는가에 더 관심이 있다.

나는 이른바 대한민국에서 명문으로 치는 학교의 교적을 갖고 있다. 사람들은 내 학력과 능력을 동일시하고 가끔 나 역시도 그런 착각에 빠지기도 한다. 하지만 앞에서 말한 것처럼 학교와 관련해서 내게 일어난 일을 보면 반드시 그렇지는 않다. 내가 가장 약할 때 하나님의 능력이 강하게 나타나 이루어진 결과이기 때문이다.

학벌이 좋지 않으면 약하게 보일 수 있으나 그렇다고 낙심하거나 절망할 필요는 없다. 그것은 곧 하나님의 능력이 나타날 기회다. 반면에 학벌이 좋아서 자신이 강하다고 생각해서는 안 된다. 하나님은 강한 자를 약하게 하실 수 있기 때문이다. 현실적으로 우리나라 기업환경에서 학벌은 3년쯤 효력을 발휘하는 요소가 된다. 명문 대학의 졸업장 유효기간이 3년이라는 말이다. 3년이 지난 다음부터는 능력이 중요하다. 요즘 기업에서는 경력사원을 뽑을 때 학벌보다는 경력에 나타난 실무능력을 더 중요하게 평가한다. 나아가 승진을 거듭해서 높은 리더십의 위치에 올라가는 데는 성품이 더 중요하다. 이랜드 그룹에서도 신입사원 공채에서는 출신학교를 많이 고려한다. 그러나 사내에서 승진하는 것이나 임원 발탁의 배경을 보면 학교는 그다지 큰 영향을 미치지 못한다. 즉, 학력이 아니어도 얼마든지 하나님의 능력이 나타날 수 있다는 말이다.

03

몸으로 하는 일은
F

대학부 시절, 여름 수련회에서

마음이 건강한 사람은 다른 사람의 의견에 귀를 기울입니다. 그러나 다른 사람의 판단에 의해 마음이 흔들리지 않습니다. 그들이 고집은 부리지 않지만 주관은 분명하다는 말입니다. _2014년 3월 10일 트위터 글

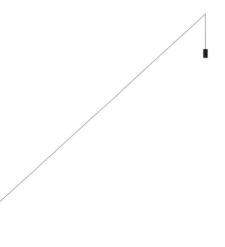

당신은 초등학교 6학년 때 키가 얼마인지 기억하는가? 중학교 3학년 때 키는? 그걸 다 기억하고 있다면 당신은 자라면서 키가 좀 신경 쓰였던 사람임에 틀림없다. 평균보다 작거나 크거나, 아니면 중간에 껑충 자랐거나, 당신은 키에 대해 이야기할 추억 하나쯤 있는 사람일 것이다. 나도 그렇다. 초등학교 6학년 때는 135cm, 중학교 3학년 때는 151cm, 고등학교 1학년 때는 161cm. 나는 이렇게 줄줄 외우고 있다. 물론 몸무게까지도.

맞다. 나는 키와 몸무게에 유감이 좀 있다. 학창 시절, 나는 왜소한 아이였다. 키가 작아서 늘 앞자리를 차지했고, 많이 야윈 데다가 허약하기까지 했다. 졸업사진에서 내가 서 있던 뒷줄은 비슷한 높이로 가다가 내 얼굴 위에서만 움푹 들어가 있다. 당연히 아이들은 키와 몸집이 작은 나를 대놓고 우습게 봤다.

초등학교 2학년 때, 한 학급에 80-90명의 아이들이 있었다. 그때는 한 의자에 3명씩 앉아서 공부했다. 내 양옆에는 두 여자아이가 앉았다. 왼쪽에 곽용옥, 오른쪽에는 임선희. 아직도 그네들의 이름을 기억하는 것은 좋은 추억이 있어서가 아니다. 이 두 여자아이들은 시도 때도 이유도 없이 나를 꼬집고 괴롭혔다. 그때마다 너무 아파서 눈물을 쏟기 일쑤였다. 나는 어떻게 해야 할지 전혀 알지 못했다. 명색이 남잔데 여자아이들에게 당하고만 있는 것이 부끄러웠고, 그렇다고 그런 학교폭력(?)을 응징할 만한 체구도 아니었다. 속수무책이었다. 작고 힘이 없으니 저항은 꿈도 꿀 수 없는 일이었다. 말수는 없고 수줍음은 많았던 그 시절의 나는 때리면 맞고 아프면 우는 아이였다.

여자 짝꿍들에게 이 정도였으니, 남자아이들에게 나란 존재는 그야말로 우습기 짝이 없었다. 한번은 동네 친구와 가벼운 말싸움이 벌어졌는데, 갑자기 그 아이가 돌을 던지는 바람에 왼쪽 뒷머리가 깨진 적이 있었다. 머리에선 피가 뚝뚝 흐르는데도 나는 아무런 반격도 하지 못한 채, 내가 할 수 있는 지상 최대의 욕인 "개새끼!"라고, 그것도 고작 혼잣말로 내뱉었다. 지금도 뒷머리에는 그때 꿰맨 자국이 남아 있다. 공부는 잘해서 주변에서 칭찬과 인정을 받았지만, 내 속에 '나는 약한 존재'라는 열등감이 내재되어 있었다.

그렇다고 건강에 문제가 있었던 건 아니다. 다만 몸으로 하는 일, 몸을 쓰는 일에는 언제나 자신이 없었다. 아이들이라면 누구나 자연스럽게 하는 것들에 나는 젬병이었다.

어린 시절, 눈이 내리면 동네 비탈길은 자연스럽게 작은 스키장이 되었다. 그러면 대나무로 스키보드를 만들었다. 아이들은 비탈길을 씽씽 오르내리며 눈 오는 겨울을 만끽했다. 친구들처럼 신나게 스키를 타고 싶었지만 나는 무서워서 그냥 구경만 하고 있었다. 그때 동네 형이 자기 뒤에서 바지만 잡고 있으면 괜찮다며 내 손을 잡아끌었다. 무섭긴 했지만 아이들이 즐겁게 노는 모습에 나도 모르게 동네 형의 바지를 두 손으로 움켜잡았다. 순간, 눈 깜짝할 사이에 스키가 아래로 미끄러졌다. 여기저기서 낄낄대는 웃음소리가 들렸고 나는 머릿속이 하얘졌다. 속도가 얼마나 빨랐는지 나는 얼굴이 하얗게 질린 채 스키보드에서 휘청거리며 내려왔다. 그날 이후, 나는 스키와 결별했다. 미끄러지는 그날의 무서운 속도가 아직도 발끝에 남아 있다.

지금 몸담고 있는 이랜드에서는 겨울이면 스키장에서 직원 수련회를 열곤 했다. 하지만 나는 단 한 번도 스키를 타본 적이 없다. 어린 시절에 딱 한 번 타본 대나무스키의 충격파가 아직도 내 몸에서 활동 중이다. 스키를 타는 일뿐만 아니라 몸으로 '타는' 일에는 내 몸도 정신도 비협조적이기는 마찬가지다. 자전거 타는 법을 배우기는 했으나 거의 타지 못하는 수준이며, 자동차 운전 또한 배우는 데 몹시 더뎠다.

잘 못하니까
더 미루게 되는 일들

오죽했으면 대학생이 되어서야 두발자전거에 올라탔을까? 함께 선교단체 활동을 했던 친구 이경준이 자전거 뒤를 잡아주며 타는 법을 가르쳐주기 위해 무던히도 애를 썼건만, 나는 끝내 두발자전거의 페달을 밟으며 질주하지는 못했다. 누군가는 걸을 줄 아는 사람은 누구나 자전거를 탈 수 있다고 말하지만, 나는 그 보편적인 법칙에서 예외에 속했다. 내색하지는 않았지만 창피했다. 그로부터 27년 후쯤, 캐나다 밴쿠버에서 안식년을 보낼 때 나는 다시 두발자전거에 도전했다. 도전의 결과는? 성공! 하지만 솔직히 절반의 성공이라고도 할 수 없다. 허허벌판에서는 탈 수 있어도 도로나 인도에서는 타지 못하기 때문이다. 겁이 나서 도저히 자전거를 타고 다닐 수가 없다.

자동차 운전이 지금은 아주 자유롭지만, 처음부터 그랬던 건 아니다. 학원에서 배워 겨우 운전면허를 땄으나 운전을 못해서 후배 박성남으로부터 따로 운전을 배웠다. 박성남네 차로 남산 길을 몇 번 달린 후 박성남은 나한테 두 손 두 발 다 들었다. 기어 변속을 하는 차를 몰다가 번번이 시동을 꺼트렸던 것이다. 그는 씩씩댔다.

"아니, 그게 왜 안 돼요? 진짜 이해할 수가 없네."

그렇다고 운동을 잘하느냐 하면 그것도 아니다. 몸으로 하는 모든 운동에서 나는 낙제다. 그래서 운동에 대해 남다른 열등감이 있다. 유일하게 좀 한다는 운동이 농구. 그것도 농구를 하면 키가 큰다는 이야기를 들어서 시작한 운동이다. 키 작고 허약한 내가 키 크는 운동에 매달리는 것은 당연한 일. 그래서 겨우 농구를 하게 되었지만, 그나마 내가 좋아하는 만큼 실력이 출중한 건 아니다. 내가 움직이는 유일한 운동이 농구라, 농구하는 내 모습을 본 이들은 내가 운동깨나 좋아한다고 생각하지만 그건 정말 오해다.

대부분의 사람들처럼 나 역시 못하는 일은 가급적 손대지 않으려 하고 어떻게든 피하려고 한다. 처음에는 슬슬 피하다가 나중에는 대놓고 안 하려 든다. 그러는 사이에 내가 못하는 일은 지정되기 마련이고, 곧 다른 사람들도 인정하기에 이른다. 집에서 전구를 갈아 끼울 일에서 나는 제일 먼저 제외되었다. 그럴 일이 있으면 어머니는 아버지를 불렀고, 아버지가 돌아가신 후에는 덩치가 좋은 동생을 찾았다. 결혼한 후에는 아내가 직접 했고, 아들 녀석이 자란 후에는 아들이 문제를 해결했다. 누구도 나에게 전구를 갈아 끼워 달라고 부탁하지 않았다. 내 약함을 이미 간파한 것이다.

고치고, 바꾸고, 옮기는 일 등 집에서 남자가 해결해야 하는 일들은 모두 아버지나 형제들의 몫이었다. 몸 쓰는 일에서 나는 일찌감치 '못하는' 사람으로 분류되었고, 누구도 거기에 이의를 제기하거나 토를 달지 않았다. 당사자인 나는 잘 못하니까 더 안하게 되고, 그러다 보니 더 못하게 되는 악순환이 반복되었다.

못난 능력도
주께 하듯

몸 쓰는 일에 대한 나의 약함은 미국에서 유학하면서 많이 좋아졌다. 저절로 좋아진 것이 아니다. 잘 못하고 잘 안 해본 일이지만 내가 할 수밖에 없는 일 앞에서 젖 먹던 힘까지 불러내 최선의 최선을 다했더니 하나님이 나에게 능력을 더해주셨다.

나의 유학생활은 경제적으로 많이 고달팠다. 경험과 실력 유무를 떠나 닥치는 대로 시간제 아르바이트를 하던 시절 이야기다. 몸으로 하는 일을 거의 해본 적이 없었기 때문에 몸은 날마다 힘들다고 아우성을 쳤다. 하지만 그것도 잠시, 몸 쓰는 일에 나는 점점 적응해갔다. 물론 실력과는 상관없이 말이다.

신학교에 다닐 때였는데, 한번은 주말에 집 외관에 페인트칠을 하는 아르바이트를 하게 되었다. 찾아가보니, 달동네에서 흔히 보는 낡은 집에 한 아주머니가 살고 있었다. 롤러를 들고 페인트칠을 막 시작하려던 참이었다. 그때 아주머니는 손을 가로저으며 다가왔다.

"롤러로 할 수 있는 건 나도 할 수 있어요. 저기를 좀 칠해줘요."

아주머니가 손으로 가리키는 쪽으로 고개를 돌렸다. 맙소사, 그것은 창살이 촘촘한 창문이었다.

"다른 건 다 내 손으로 할 수 있는데, 내 실력으로 창살은 도저히 못하겠더라고. 그래서 자네 같은 전문가를 부른 거지."

전문가라고? 페인트칠이라고는 평평한 벽을 한두 번 칠해본 게 고작인 나에게 전문가라니. 게다가 나는 꼼꼼함과는 꽤 거리가 멀었다. 내 실력과 성격으로 붓을 가지고 저렇게 가느다란 창살에 페인트칠을 한다는 건 불가능한 일이었다. 하지만 포기할 수도, 도망칠 수도 없는 일. 내가 할 수 있는 건 온 마음과 정성을 기울여 페인트칠을 하는 것뿐이었다. 글자 그대로 '심혈'을 기울여 붓질을 해나갔다. 다 끝냈을 때는 나도 모르게 탄성이 나왔다. 와우. 내가 생각해도 놀라울 정도로 정말 완벽하게 새 옷을 입은 창문이 거기 있었다. 그걸 본 아주머니의 말이 지금도 생생하다.

"역시, 전문가의 솜씨는 달라."

그 순간, 마음속에 깨달음 하나가 울렸다. 몸으로 하는 것도 약하고, 운동도 잘 못하고, 집안일도 솜씨가 없지만, 내가 꼭 해야 하는 일이고 해야만 한다면, 하나님이 내게 능력을 주신다는 것을. 이 깨달음은 그 후로도 여러 번 체험적으로 내게 찾아왔다. 체력도 솜씨도 없는 내가 아르바이트로 돈을 벌기 위해 세탁소에서 다

림질을 할 때, 빌딩에서 야간 청소를 할 때도 어김없이 없던 능력이 발휘된 것이다.

'나는 모든 면에서 서툴다'라는 나의 속생각은 은연중에 '나는 그런 일을 잘 못한다'고 나 자신을 규정해왔다. 하지만 내가 해야 할 일이고, 제대로 해내야 한다는 분명한 당위성이 있다면 결과는 달라진다. 그때 나는 "주께 하듯"이라는 말씀을 몸으로 이해하게 되었다. '나는 잘 못한다'라는 생각에 휘둘리는 것이 아니라, "주께 하듯" 일할 때 결과는 전혀 다르게 나타난다. 지금도 나는 스키나 자전거를 타는 일이 어렵고, 젓가락질도 잘 못한다. 집에서 설거지하는 일이나 빨래 개키는 일을 잘 못하지만, 그것도 주께 하듯 노력한다.

몸이 하는 일에 전반적으로 재능이 없어 보이는 나는 이 부분에서는 두 달란트, 아니 보기에 따라서는 한 달란트를 받은 사람일지 모른다. 하지만 내가 받은 달란트만 평계대면서 게으름을 부리며 그냥 포기할 수는 없다. 부족한 상태에서라도 성실함을 발휘하는 것은 나에게 주어진 몫이다. 두 사람이 내놓은 똑같은 결과라 할지라도 하나님은 성실한 노력은 인정해주시지만, 게으름은 책망하실 것이다. 우리의 약함에도 불구하고 주께 하듯 전심으로 노력한다면 하나님은 책망 대신 능력으로 우리의 약함을 보상해주실 것이다. "무슨 일을 하든지 사람에게 하듯이 하지 말고, 주님께 하듯이 진심으로 하십시오"(골 3:23).

어찌 그것이 몸에만 해당되는 말일까? 기도와 예배, 묵상의 영성생활에 대해서도 우리는 '약하다'는 말을 자주 쓴다. "기도를 잘 못해요" "묵상이 어려워요" "예배드리는 데 집중이 잘 안 됩니다" 등등. 그리고 그렇게 '잘 못하는' 데에는 나름대로 합리적으로 보이는 이유들이 있다. 바쁘다, 훈련을 받지 않았다, 습관이 안 되어 있어서, 어떻게 하는지 모르겠다는 이유를 대는 데 우리는 능숙하다. 하지만 그런 이유들 때문에 한번 밀려난 경건의 모양은 어느새 경건의 능력까지도 위협한다.

잘 못하는 것들에 대해 "주께 하듯" 마음을 쏟으라. 결과는 책망을 피하는 것을 넘어 하나님의 칭찬을 들을 만한 수준으로 변해 있을 것이다.

04

유년과 청춘에서
얻은 자산

미국 유학 중에 내가 일했던 세탁소

어린 시절을 생각해보니 가난하기는 했는데 행복했던 것 같습니다. 돈이 부족해서 가난했지만 가족들이 서로 사랑했기 때문에 행복했습니다. 그러니까 행복의 필수요소는 돈이 아니라 사랑이라는 것을 새삼 깨닫습니다. _2012년 3월 14일 트위터 글

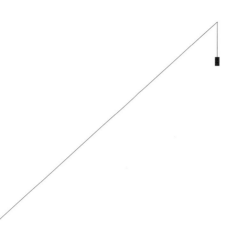

내가 가난이라는 주제를 이야기하면 독자들이 놀랄지도 모르겠다. 내 얼굴 어딜 봐도 가난의 이력을 읽을 수 없다는 이야기를 많이 들었다. 이유는 둘 중 하나가 아닐까. 내가 잘 감추었거나, 가난을 가난으로 느끼지 않으며 살아서 흔적이 희미해졌거나. 어쨌든 가난은 내 인생에서 오랫동안 나의 약함이었다. 지금은 가난하지 않지만, 가난했던 경험들은 가끔 현재의 내 속에서 불쑥 고개를 들곤 한다.

당시 우리 집은 회현동에 있는 일본식으로 지어진 빈민 아파트였다. 오밀조밀한 방 수십 개가 다닥다닥 붙어 있었고, 우리는 그 집 방 한 칸에서 할아버지와 할머니, 부모님, 사촌누나, 그리고 우리 4남매가 함께 살았다. 수십 가구가 모여 사는 그곳에서는 하루 종일 아이들이 떠드는 소리, 현관에 모여 있는 어르신들의 수다

소리가 끊이질 않았고, 독립적인 공간은 꿈도 꿀 수 없어서 공부할 만한 환경이 전혀 아니었다.

그 시절에는 그랬다. 나와 동년배들은 누구랄 것도 없이 '가난한 어린 시절'이라는 공통분모를 갖고 있다. 나 역시 그 가난을 경험했다. 가난한 동네에서 가장 가난한 집이 우리 집이었다. 부모님은 남대문시장에서 장사를 하셨고, 부모님의 부지런함과 성실함 덕분에 밥을 굶지는 않았다. 그래도 늘 우리 집 형편은 '가난'의 전형에 속했다.

어린 나에게 가장 공포스러운 선생님 말씀은 "부모님을 모시고 오라"는 것이었다. 행동거지나 성적이 문제가 돼서 부모님이 학교에 오실 일은 없었지만, 소풍이나 진로상담 같은 일에서 선생님은 종종 부모님을 부르셨다. 장사하시는 어머니는 먹고살기에 바빠 장남의 학교에 한 번도 오신 적이 없었다. 그때마다 어머니는 당신 대신 할아버지를 보내셨다. 아주 가끔이었지만 엄마 대신 학교에 오신 할아버지를 보면서 너무나 창피해 고개를 푹 숙이고 하교했던 기억이 있다.

어느 봄 소풍의 한 장면이 두고두고 기억에 남는다. 다들 엄마가 아이들을 따라오는데 그날도 나의 엄마는 소풍지가 아닌 시장으로 가시고 대신 할아버지를 보호자로 붙여주셨다. "저 혼자 갈게요"라는 말이 목구멍에서 들락날락했지만, 나는 차마 그 말을 입 밖으로 내지 못했다. 우리 반 전체에서 엄마가 아닌 할아버지가 온 사람은 나뿐이었다. 보호자로 참석해주신 할아버지에게는 아무 말도 하지 않은 채 고개를 숙이고 말없이 김밥을 먹었다. 심지어 엄마는 깜박 잊고 김밥에 나무젓가락을 넣지 않으셨고, 할아버지는 근처에 있는 나뭇가지를 꺾어 젓가락을 만들어주셨다. 소풍이라고 해도 들뜬 마음은 전혀 없이 그저 처량한 생각만 들었다.

겨우 생계를 해결하는 처지에 과외는 꿈도 못 꿀 일이었다. 다행히 공부를 제법 잘해서 남들 다 하는 과외를 받지 않고도 경기중학교에 입학할 수 있었다. 가봤더니 전국에서 똑똑하다는 인물들은 다 모여 있어 충격이었다. 게다가 초등학교 때보다 경제적으로 잘사는 아이들이 월등히 많다는 사실에 나는 또 한 번 놀랐다. 내로라하는 직함을 가진 아버지를 둔 친구들 앞에서 나는 남대문에서 장사하시는 아버지에 대해 자부심을 느낄 수가 없었다. 그렇게 가난에 주눅이 든 채 중학교 3년을 마쳤다.

고등학교라고 해서 달라진 건 없었다. 가세는 펴지지 않았고, 나 또한 과외 한 번 받지 못했지만 다행히 경기고등학교에 입학할 수 있었다. 가난해서 과외를 받진 못했지만, 그런 경험들 때문에 나는 공부는 제힘으로 하는 것이라는 확신을 갖게 되었다. 덕분에 훗날 아이들을 키울 때 사교육 문제에 대해서는 경험에 따라 확신을 가지고 행동할 수 있었다. 세 아이를 교육하면서 사교육 신세를 거의 지지 않을 수 있었던 것은 이전에 하나님이 내게 베푸신

은혜가 무엇인지 잘 알고 있었기 때문이다.

가난이 나에게 준
수많은 일들

부모님은 천성이 부지런하셨지만 사업에는 재능도 운도 따르지 않는 편이었다. 어렸을 때는 가난하지만 그런 대로 부족함 없이 지낸 편이었고, 초등학교 5학년 때는 부모님이 구입하신 제법 번 듯한 2층짜리 양옥집에 살기도 했다. 비록 거기서도 방 한 칸만 우리가 쓰고 나머지는 모두 세를 주긴 했지만.

그렇게 우리 집이 경제적 안정을 누린 건 유감스럽게도 아주 잠깐이었다. 화재가 나서 남대문시장에 있는 우리 가게가 전소되는 어려움을 겪었고, 하는 수 없이 어머니가 광주리장사를 나서야 했던 시절도 있었다. 아버지는 친척들의 돈을 빌려 사업을 시작했으나 성공하진 못했다. 감당하기 어려운 부채만 남아 재기는 꿈도 꾸지 못하고 1976년 1월 돌아가시기 전까지 친척 누님네 가게에서 자전거로 물건 배달하는 일을 하셨다.

그런 상황이니 집안 사정은 뻔했다. 경제적으로 점점 어려워져서 대학 다니는 내내 나는 과외 아르바이트를 거의 쉬지 않았다. 내가 과외로 번 돈은 우리 가정의 생활비가 되곤 했으니, 나는 대학생 때부터 집안을 책임지는 소년가장이 된 셈이었다. 대학 4년, 그리고 졸업 후 2년, 모두 6년 동안 소년가장이 되어 공부와 일을 겸했다. 그 6년 중 한 달쯤 가정교사 자리가 연결이 안 되어 쉴 때는 집에 돈이 없어서 너무나 초조했다. 내 본분은 학생인데도 생활비를 걱정하느라 실업자가 된 기분이 들 정도였다. 아버지가 돌아가신 후로는 실제로 가장이 될 수밖에 없었다. 내가 생활비를 도맡아 책임지긴 했으나, 집안 어른들이 물심양면으로 우리 가정을 돌봐주셨다. 그분들 덕분에 길거리에 나앉지 않고 그나마 살아갈 수 있었다. 그래서 나는 두고두고 친척 어른들에게 감사하는 마음을 갖고 있다.

안정된 직장생활을 하던 중 신학을 공부하려고 미국 유학길에 오르면서 다시 가난해졌다. 나의 유학에 경제적으로 든든한 무엇이 있었던 것은 전혀 아니었다. 직장에서 받은 퇴직금의 일부를 어머니에게 드리고 나머지를 가지고 유학을 떠났다. 다행히 신학교에서 장학금을 받을 수 있어서 학비 문제는 걱정이 없었지만 생활비는 알아서 해결해야 했다. 당연히 공부하는 틈틈이 주말이면 일을 해야 했다. 지금도 그때를 떠올리면 '악몽' 같다는 생각이 들 정도로 공부와 일을 병행하는 것은 힘들었다.

토요일에는 새벽부터 식당에 나가 일하면서 하루 종일 고기를 구웠다. 집에 돌아오면 얼굴은 고기 기름때로 범벅이 되어 있었다. 한밤중에 녹초가 된 몸으로 잠깐 잠들었다가 주일 아침에는 교회에 갔다. 당연히 설교가 귀에 들어올 리 없었다. 설교를 듣기 전부터 나는 졸음의 습격으로 헤매기 시작했다. 그때 알았다. 육체노동을 하는 이들이 주일 예배 시간에 조는 것은 너무나 자연스러운 일이라는 것을. 물론 졸지 않는 것이 가장 좋겠지만 사람에겐 육체의 한계가 있다. 육체노동을 해본 적 없는 목회자는 열심히 일하고 온 성도의 한계를 당연히 이해해주어야 한다.

가난한 아르바이트 유학생인 나는 서러움도 겪었다. 고기 굽는 일이 내 일이었지만, 점심 밥을 먹을 때 고기는 한 점도 먹을 수가 없었다. 일하는 직원들은 밥과 김치만 먹어야 했다. 평소에 고기를 별로 좋아하지 않는 편이라 고기 먹을 생각은 없었지만, 정작 주인이 고기를 못 먹게 하니까 서러웠다. 고용주와 피고용주 사이에서 인심이라는 인간적인 관계가 어떤 것인지 몸으로 배웠던 시절이었다. 한 달 동안의 아르바이트였지만 이 경험은 가난이 남겨준 소중한 자산이다. 경제적으로 어려웠기 때문에 배우고 느낄 수 있었던 경험이었다.

**소중한
나의 연약함**

경제적으로 좀 숨통이 트인 것은 아내가 일본 식당에서 일하면서부터였다. 일하는 아내 대신 육아는 내 몫이 되었다. 덕분에 큰 아들 준호를 더 많이 돌볼 수 있었다. 누구에게나 그렇듯 첫 아이 준호는 내게 특별했다. 목사가 되게 해달라고 서원기도를 한 것은 아니었지만 하나님께 쓰임 받는 사람이 되게 해달라고 기도했다. 준호를 업고 집안일을 하거나 공부를 하면서 기도를 많이 했다.

행복한 기간은 짧았다. 아내가 일을 그만둬야 했기 때문이다. 아내가 일하던 식당에 이민국 조사가 나온다는 소식이 들려왔던 것이다. 우리는 학생 비자로 들어와 있었기 때문에 정식으로 일을 할 수 없는 처지였는데 식당 주인이 편의를 봐줘서 아내가 그나마 일을 해왔다. 아내는 그 식당에서 2년 반을 일했는데 처음에는 일자리를 구하기 어려운 상황에서 일을 하게 되어 하나님의 은혜로 생각하면서도 불법으로 일을 한다는 것이 마음에 걸렸다. 또 매주 일하는 스케줄이 바뀌는 것도 힘들어했다. 그러다가 이민국 조사가 나온다는 이야기를 듣고 하나님의 음성으로 생각한 것 같다. 그래서 아내가 식당 일을 그만두었다. 생활비 걱정이 몰려왔다. 고난이 다가오는 것 같았는데 나중에 알게 된 일이지만, 그것은 행복의 또 다른 얼굴이었다. 그때는 이 고난의 시간이 합력하여 선이 이루어지는 과정이라는 것을 눈치채지 못해서 갑작스런 아내의 실직이 난감하기만 했다.

아내가 일을 못하는 동안 둘째가 생겼다. 사실 유학생활이 힘들어서 둘째는 전혀 생각하지 않고 있던 터였다. 그런데 아내가 쉬는 동안 아이를 가지고 또 출산까지 하게 된 것이다. 둘째 유경이가 태어난 것은 순전히 이민국 사람들의 조사 덕분이다. 그때 이민국 조사가 시작되지 않았다면 아내는 일을 계속 했을 것이고, 우리는 둘째를 꿈도 꾸지 않았을 것이고, 그랬다면 유경이는 이세상에 태어나지 못했을 것이다. 그때 경제적으로 몹시 힘든 때여서 아내는 그날들이 고난스러웠지만 행복지수만큼은 매우 높았다고 말한다. 하나님의 오묘한 섭리란 이런 것이다. 사람의 계획과는 전혀 다르고, 사람의 계산과는 다른 그림을 그리며 하나님은 우리를 인도하신다.

아내가 일을 그만둔 후에 다시 내가 본격적으로 일을 해야 했다. 주로 세탁소에서 빨래 정리하는 일, 야간에 건물 청소하는 일, 빨래방에서 빨래하고 건조해 포장하는 일 등을 맡았다. 1시간 일하고 5달러 정도 받으면서 주당 80달러를 벌어 생활비에 보탰다. 그러면서 미국 서민 아저씨, 아줌마와 자연스럽게 좋은 교제를 나누기도 했다.

가장 힘들었던 것은 건물 청소였다. 사무실에서 일하던 사람들이 모두 퇴근한 저녁 8시부터 자정까지 건물 2개 층을 청소했다. 4시간 동안 청소하고 나면 입에서 단내가 났다. 쓰레기통을 비우다보면 미처 다 마시지 않은 콜라캔에서 콜라가 줄줄 새서 바닥이엉망이 되곤 했다. 그때부터 나는 콜라가 남아 있는 캔을 쓰레기통에 처박는 인간을 가장 경멸했다. 사무실 바닥에 떨어진 스테이

플러 조각을 일일이 주워야 하는 일도, 잘 꾸민 여자들의 외모와 달리 그들이 사용한 화장실의 지저분한 쓰레기통을 비우는 일도 넌더리가 났다. 그때 생긴 청소 버릇은 종종 비행기를 탔을 때 기내 화장실 거울을 나도 모르게 쓱쓱 닦아두는 것으로 튀어나오기도 한다.

몸도 힘들었지만 더 힘든 건 마음이었다. 공부하러 미국에 왔는데, 화이트칼라 미국인들의 뒤치다꺼리만 하고 있다는 괴상한 기분이 들었다. 공부하기 위해 일하는 것인데, 정작 일하느라 온몸이 파김치가 되어 공부할 시간이 없었다. 괴로웠다. 하루는 하나님께 원망을 털어놓았다.

"하나님, 뭐 이렇습니까? 저는 공부하러 왔는데, 일하느라 공부를 못하고 있어요. 죽겠습니다. 이러려고 미국까지 오게 하셨습니까?"

그때 하나님은 골로새서 3장 23절 말씀을 주셨다. "무슨 일을 하든지 사람에게 하듯이 하지 말고, 주님께 하듯이 진심으로 하십시오." 그 말씀을 들은 후로 청소하는 자세와 마음이 달라지기 시작했다. 청소하는 일도 주님께 하는 일이라고 생각했다. 그때는 전혀 몰랐지만 이 일은 나중에 직장사역을 하게 된 하나의 뿌리가 되었다.

경제적으로 어려웠지만 불행하다고 생각하지는 않았다. 경제적인 어려움을 겪으면서 오히려 신학교에서 가르쳐주지 않는 중요한 것들을 몸으로 배웠다. 나의 약한 상황을 통해 하나님은 내게 꼭 필요했던, 매우 중요한 사실들을 직접 가르쳐주셨다. 돈이 넉넉했다면 그런 밑바닥 노동은 하지 않았을 것이고, 편하게 공부했을 것이고, 학점은 더 좋았을지도 모른다. 하지만 그랬다면 나는 책상에서 정리한 노동관과 직업관을 가르쳤을 것이고, 그것은 지식인의 한계가 드러날 수밖에 없는 노동관과 직업관이 되었을 것이다. 그 시절 경제적인 어려움 때문에 몸으로 부딪히면서 내 생애 정말 중요한 노동관과 직업관을 깨칠 수 있었다. 그래서 가난은 결국 나에게 가장 소중한 인생의 철학을 남겨준 약함이 되었다.

**노동의 대가는
반드시 돌아온다**

돌이켜보면 학교 공부를 하면서 어떻게 그 일들을 다 할 수 있었는지 이해가 안 될 정도지만, 실은 공부를 제대로 하지 못했다. 그야말로 먹고사는 문제가 급해서 공부는 대충하면서 1년을 보냈다. 누군가는 공부하러 갔으면 공부를 해야지, 공부할 시간에 일을 하는 것은 맞지 않다고 말할지도 모르겠다. 하지만 그 과정을 통해 나는 두 가지를 분명히 배웠다. 가장은 경제적으로 책임지는 것이 중요하다는 것과 소중한 노동의 가치가 바로 그것이다. 강의실이나 책으로부터 얻는 것은 조금 부족했을지 모르지만, 생활하면서 배운 것이나 일하면서 느낀 것들은 그것과 비할 수 없이 값진 가르침이 되었다.

유학생활은 정확히 7년 반이었다. 그 시간 내내 경제생활은 말 그대로 바닥이었다. 아파트 월세를 겨우 냈고, 생활비는 식비가 거의 전부였다. 옷이나 장난감은 모두 중고를 얻어서 해결했고, 심지어 병원에 가거나 약을 사 먹는 것도 절제할 수밖에 없었다. 그렇게 살다 보니 저절로 근검절약하는 생활이 몸에 뱄다. 나중에 조금 여유가 생겼을 때 돈을 좀 써보니까 그것이 얼마나 감사하던지. 언젠가 아내가 어려운 형편의 지인에게 돈을 보내면서 했던 말이 지금도 생생하다.

"이렇게 다른 사람을 도울 수 있으니까 얼마나 좋은지 모르겠어요."

가난한 경험에서 배운 것도 있지만 좋지 않은 버릇도 생겼다. 나도 모르게 다른 사람에게 그런 삶을 은근히 요구하거나 기대하는 것이다. "내가 이렇게 살았으니 너희도"라는 사고방식이 은연중에 작동한다. 평생 돈의 여유가 없었기 때문에 지금도 씀씀이가 인색한 면이 있다. 예를 들어 누군가를 돕는 일에 나는 '적당한 선'을 유지하려고 하는데, 아내가 뭉텅 내놓는 것을 보면서 놀랄 때가 있다. 유학 시절, 극빈층생활을 경험해서 그런지 지금도 미국에 가서 달러를 쓸 때면 손이 작아진다.

목회자들이 돈 문제 때문에 불미스러운 뉴스의 주인공으로 등장할 때가 종종 있다. 그런 모습을 볼 때마다 나는 경계하면서 적어도 돈 문제로는 실수하지 말자고 다짐한다. 돈을 사랑함이 일만 악의 뿌리가 된다는 말씀(딤전 6:10)은 현실에서 정말 실감나는 진리 중의 진리다. 많은 가정이 경제적인 부분에서 상당한 비중을 차지하는 자녀들의 교육비 때문에 힘들어한다. 어떻게든 교육비 문제를 해결하려다 보니까 자기도 모르는 사이에 돈의 유혹을 받게 되고, 그러다가 돌이킬 수 없는 실수를 하기도 한다.

평생 정직하게 살아왔다고 자부하지만, 나 역시 자녀 때문에 돈이 더 필요하다고 생각할 때는 마음이 흔들릴 수 있다는 것을 충분히 잘 알고 있다. 아이 셋을 키우다 보니 그런 유혹이 눈에 보인다. 예를 들면 그런 돈의 필요 때문에 목회자가 설교를 더 많이 하러 다니거나 부흥집회를 인도하는 경우를 본다. 그래서 나는 원칙을 좀 더 분명하게 세웠다. 하나님이 내게 주신 돈의 한계 안에서 아이들을 교육시키고, 나머지는 하나님이 알아서 해결해주실 것이라고 믿었다. 경제적으로 내가 많이 부족하다는 것을 인정하고, 힘에 부치는 부분은 하나님께 기도하는 것이 내가 할 수 있는 전부였다.

그러다 보니 자연스럽게 아이들에게 사교육을 시키지 않을 수 있었다. 돈이 없으니 사교육은 꿈도 꿀 수 없었다. 그저 내가 할 수 있는 최선을 다하고, 아이들은 아이들대로 자기가 할 수 있는 만큼 하고, 그 나머지는 하나님의 인도하심을 따랐다. 한국의 교육 현실에서 사교육이 문제가 되는 것도 이와 무관하지 않다. 돈 많은 사람이 고액과외를 시킨다고 해서, 돈 없는 사람들까지 무리를 해서 고액과외를 시켜서는 안 된다. 그것은 자기 분수에 넘치는 일이다.

둘째 아이는 제힘으로 미국 유학을 갔다. 장학금과 학자금 대출을 받아 학비를 해결하고 아르바이트를 해서 생활비를 충당하겠다면서 유학을 준비했고, 딸아이는 그 약속을 지켰다. 미국으로 유학을 떠난 이후 지금까지도 딸은 우리에게 돈 이야기를 한 번도 한 적이 없다. 아이는 아버지가 경제적인 부분에서 어떤 원칙의 소유자라는 것을 알기에 나한테 의지할 생각은 애초부터 없었다.

"아버지가 존경스러워요. 하지만 아버지는 딸의 미래보다는 자신이 세운 원칙을 지키는 데 더 관심이 있는 것 같아요."

아이의 말에 속이 좀 쓰렸다.

돈과 관련한 성경말씀 중에 내가 지표로 삼는 말씀은 두 가지다. "저를 가난하게도 부유하게도 하지 마시고, 오직 저에게 필요한 양식만을 주십시오. 제가 배가 불러서, 주님을 부인하면서 '주가 누구냐'고 말하지 않게 하시고, 제가 가난해서, 도둑질을 하거나 하나님의 이름을 욕되게 하거나, 하지 않도록 하여 주십시오"(잠 30:8-9).

바울의 고백은 또 얼마나 신선한가. "내가 궁핍해서 이렇게 말하는 것이 아닙니다. 나는 어떤 처지에서도 스스로 만족하는 법을 배웠습니다. 나는 비천하게 살 줄도 알고, 풍족하게 살 줄도 압니다. 배부르거나, 굶주리거나, 풍족하거나, 궁핍하거나, 그 어떤 경우에도 적응할 수 있는 비결을 배웠습니다"(빌 4:11-12).

가난이라는 약함은 훗날 내가 직장사역을 할 때 필요한 노동관과 직업관의 토대를 만들어준 소중한 경험이 되고 은혜의 체험이 되었다. 가족의 생계를 위해 돈을 벌어야 하는 가장의 마음, 육체적으로, 정신적으로 고된 일을 하면서 그리스도인이 가져야 할 마음의 자세, 직업현장에서 그리스도인은 사장을 의식하며 일해야 하는지, 아니면 하나님을 의식하며 살아야 하는지 몸으로 배웠다. 오직 필요한 양식을 주신 하나님께 감사하며 어떠한 형편에서도 적응하는 비결을 배운 소중한 시간이었다. 하나님은 나의 가난도 허투루 쓰지 않으시고, 소중한 자산으로 되돌려주셨다. 나의 약함 안에 드러나는 하나님의 능력은 경제적인 부분에서도 예외가 아니었다.

05

좁지만
깊이 있는 우정

유학 떠날 때 배웅 온 일가친척들과 함께

사람이 살아가는 데 인간관계가 참 중요합니다. 그러나 인간관계가 수단이 되면 그 관계는 인맥이 되고 맙니다. 인간관계가 목적이 되면 그 관계가 바로 사랑입니다.

_2012년 3월 9일 트위터 글

어렸을 적에 기차를 탈 일이 종종 있었다. 기차표를 척척 사 오시는 아버지를 보면서 어린 나는 얼토당토않는 걱정을 했다. '만약 아버지가 돌아가시게 되면 우리 집 장남인 내가 기차표를 사야 하는데, 그때 난 어떻게 하지?' 그럴 정도로 나는 소심하고 내성적인 아이였다. 그래서 친구를 거의 사귀지 못했다. 초등학교 때는 소수의 아이들과만 친하게 지냈는데, 그나마 친했던 아이들도 중학교가 달라지면서 모두 뿔뿔이 흩어졌다. 중학교도 마찬가지였다. 겨우 가깝게 지내던 몇몇 아이들이 같은 고등학교에 진학하지 못하는 바람에 그 친구들도 잃고 말았다. 고등학교라고 해서 달라진 것은 없었다. 내성적인 성격이 그대로여서 손가락으로 꼽을 수 있을 정도로 소수의 친구들과 가까웠는데, 서로 다른 대학에 진학하면서 소원해졌다.

초중고 통틀어 학교에서 친구를 사귀는 데에 나는 정말 소극적이었다. 관계에 그렇게 소극적이니 우정을 지속적으로 끌고 갈 리만무했다. 그때는 휴대전화는커녕 전화도 귀하디귀한 시절이어서 찾아가서 직접 만나야 관계가 유지되었는데, 나 같은 사람이 친구를 찾아 발걸음 한다는 건 있을 수 없는 일이었다. 그러니 상급학교로 진학하면서 학교가 달라졌을 때 정말 애써 노력하지 않으면 친구관계는 유지되기 어려웠다. 나의 친구관계가 취약하다는 것은 인정하지 않을 수 없다.

사람 사귀는 데 젬병이었던 나는 대학 졸업 후 직장을 다니면서 인간관계 훈련을 톡톡히 받았다. 직장에서는 사람들과의 접촉을 피할 수 없는 데다가, 학교에서처럼 몇몇 사람과만 교류하고 지낼 수는 없었기 때문이다. 그리스도인으로서 술자리에서 소극적으로 처신할 수밖에 없었는데도 사람들과는 그럭저럭 좋은 관계를 유지할 수 있었다.

다행히 교회에서는 사정이 좀 달랐다. 학교가 달라지더라도 교회에서는 사람들을 계속 만났기 때문이다. 교회에서 후배들을 챙기는 일만큼은 유난스럽다 할 정도로 팔을 걷어붙이고 잘했다. 맏이라 동생들을 챙기던 습관이 교회에서도 연장되었던 것 같다. 집안의 장남으로서 어른들로부터 '맏이'에 대한 책임을 지속적으로 들었다. "맏이가 잘되어야 한다"는 암묵적인 동의 아래 나는 책임감을 가지고 동생들을 돌봤다. 그 마음이 교회 후배들에게도 마찬가지로 전해졌던 것이다.

손가락에 꼽을
인연

이상하게도 교회에는 나와 같은 학년 친구들이 거의 없었다. 고등학교 1학년 때 교회로 인도한 친구 김병재가 전부였다. 그러다 보니 당연히 후배들과의 관계가 많았다. 그때 중고등부 분위기가 마음에 썩 들지 않았다. 중고등부 선배들은 부모님이 교인이 아닌 경우가 많았고, 선배들이 다니는 학교는 소위 명문은 아니었다. 반면에 교회 집사님들의 자녀들은 명문 학교에는 다녔지만 중고등부 학생회 활동은 하지 않았고, 부모님을 따라 어른 예배에만 참석하는 것이 고작이었다.

나는 그런 현실이 싫었다. '중고등부에 열심인 학생들은 좋은 학교에 가지 못하는 것인가?' 엉뚱한 의문이 들었다. 그래서 혼자 마음의 다짐을 했다. '공부를 잘해서 좋은 대학에 들어가야겠다. 고등부 활동을 열심히 해도 좋은 대학에 들어갈 수 있다는 것을 보여주고 말 거야.' 어린 나는 '하나님께 영광을 돌리기 위해'라는 생각까지는 하지 못했다. 그저 내가 속한 고등부의 명예를 위해 공부를 잘해야겠다는 생각뿐이었다. 그래서 나뿐만이 아니라 후

배들도 교회생활도 잘하고 좋은 대학에도 들어갔다는 것을 보여
주고 싶었다. 그것은 훗날 대학부의 시작으로 이어지는 계기가 되
었다.

그 다짐을 실천에 옮기기 위해 고3 때도 주일 예배에 꼬박꼬박
참석했고, 오후까지도 교회에서 지냈다. 그때까지만 해도 신앙인
이라면 주일에는 공부하지 않는 것이 당연한 일이어서 나도 공부
를 하지 않았다. 하지만 솔직히 다소 걱정스러운 마음이 들었다.
그 대안으로 생각해낸 것이 영어성경 공부였다. 후배들과 함께 주
일 오후에는 영어로 성경을 공부한 것이다. 그야말로 일석이조였
다. 말씀도 보고 영어 공부도 한 것이다. 다행히 나는 서울대학교
에 합격했다. 서울대 합격으로 나는 다짐했던 대로 고등부의 명예
를 지켰다.

대학 입학과 동시에 나는 한 가지 일을 벌였다. 고3 후배들 몇
명과 아예 함께 지내면서 공부를 도와주어야겠다는 마음이 생겨,
교회 목사님을 비롯한 교회 여러 어른들에게 특별한 부탁을 한 것
이다.

"대학입시를 준비하고 있는 저희들을 위해 방을 하나 마련해주
십시오."

교회는 허락과 함께 작은 방을 하나 마련해주었고, 거기서 1년
동안 나와 고3 후배 4명은 입시준비를 하면서 동고동락했다. 이른
바 입시준비 공동체생활이었던 것이다.

지금이야 같이 늙어가는 처지지만, 그때만 해도 대학교 1학년과 고3은 하늘과 땅 차이만큼이나 까마득한 선후배지간이었다. 그때 나는 용돈을 벌기 위해 과외 공부도 가르쳤는데, 학교와 아르바이트를 마치고 돌아와서는 다시 교회 후배들의 과외선생이 되었다. 물론 당연히 무료로 가르쳤다. 아마도 그 1년이 내 생애 가장 보람 있었던 시절이 아니었나 싶다. 지금 생각해보면 교회와 교회 어른들의 결정이 참으로 대단하다. 어떻게 고작 대학교 1학년생인 나를 믿고 고3 학생들을 맡겨주고 방까지 사용할 수 있도록 해주었을까? 1년 후에 그중 2명이 좋은 성과를 냈다. 연세대에 들어간 박성남, 서울대 의대에 들어간 한인권이 그들이다. 교회 고등부 출신도 좋은 대학에 입학할 수 있다는 것을 보여준 두 사람과 함께 나는 성도교회 대학부를 시작하게 되었다.

목사가 되기엔
치명적인 성격

대학에 들어와서 성격이 바뀔 리 없고, 성격이 그대로니 친구관계 또한 달라진 게 없었다. 대학 1학년 때 가깝게 지낸 친구로 이경준이 있다. 당시에 그는 예수를 믿지는 않았지만 조용하고 착실한 성품을 가진 친구라 나와 잘 맞았다. 친구 경준을 전도하기 위

89
5장 • 좁지만 깊이 있는 우정

해 무진 애를 썼지만 생각대로 되지 않았다. 어느 날 함께 공부하다가 학교를 나섰는데 꼭 책장수처럼 보이는 두 사람이 우리에게 접근해왔다. 알고 보니 전도하는 사람들이었다. 친구 경준이가 신앙이 없었기에 나는 잘된 일이라고 생각하며 그들을 반갑게 맞았다. 그랬더니 우리 둘을 따로따로 데리고 빈 강의실에 데려가 전도를 했다. 그 후로 나는 그분에게 훈련을 받기 시작했는데, 경준이는 내키지 않았는지 그분의 전도를 거절했다고 한다.

그러다가 경준이를 교회로 인도해 교회생활을 같이 하게 되었고, 그 과정에서 경준이는 선교단체 수련회에 참석하면서 예수님을 영접했다. 믿지 않는 집안에서 자랐지만 한번 믿음을 받아들이더니 무섭게 빨아들였다. 한마디로 완전히 사람이 변했다. 그 친구는 바로 전도를 시작했고, 얼마 지나지 않아 후배를 가르치는 자리에 서게 되었다.

오랫동안 같은 울타리 안에서 신앙생활을 했으면 좋았을 텐데, 현실은 그렇지 못했다. 내 신앙생활의 터전은 교회였고, 그는 선교단체에서 신앙의 씨앗을 틔웠다. 유감스럽게도 당시에는 교회도 선교단체도 한 사람이 양쪽에서 신앙생활하는 것을 받아들이지 않았다. 어느 한 쪽을 선택해야 했다. 그래서 나는 교회에, 경준이는 선교단체에 남으면서 우리는 본의 아니게 헤어지게 되었다. 이렇게 그나마 가깝게 지내던 거의 유일한 대학 친구와도 신앙의 울타리가 달라지면서 소원해졌다. 경준이는 그로부터 20년쯤 후 두란노서원에서 출판사역을 위해 재회하게 되었다.

학창 시절의 친구관계가 '소폭' 상태였던 나는 전반적인 인간관계의 폭 역시 그 수준이었다. 인간관계에 별로 자신이 없었고 잘하지 못했기 때문에 목사가 되어서도 목회할 생각은 엄두도 내지못했다. 나한테는 사람 대하는 일이 결코 쉽지가 않았다.

사역을 위해
조금씩 조금씩

언제부터였을까? 서서히 인간관계의 중요성을 알게 되었다. 하나님은 내게 사람과의 관계가 가장 중요한 가치이며, 그 관계를 유지하는 데 사랑을 쏟고, 그 관계가 깨졌을 때는 빨리 회복해야 한다는 것을 가르쳐주셨다. 사람들과의 관계가 힘들면 당연히 전도도 어려워진다. 전도는 사람과의 관계 위에서 시작되기 때문이다. 그래서 세운 나 스스로의 중요한 지침 중 하나는 "어디 가서 얼굴 피할 사람을 만들지 말라"는 것이다. 관계가 깨진 사람을 평생 피하고 살 수는 없다. 좁디좁은 관계망에서 언제 어디서든 필연적으로, 또는 우연히 마주치기 마련이다. 그때 그 사람 얼굴을 피한다고 능사가 아니며, 그런 관계가 있다는 것 역시 찜찜한 일이다. 그래서 깨진 관계는 어떻게든 회복하는 것이 인생에서 가장 잘하는 일 중에 하나라고 믿게 되었다.

같은 하나님을 믿지만 교리적인 부분에서 부딪혀서 관계가 좀 불편해진 사람이 있었다. 종교적인 기반이 다르니 삶의 터전 또한 달라져서 안타까웠지만, 여전히 인간적으로는 사랑하는 것이 마땅하다. 중요한 것은 사랑하는 관계를 유지하는 것이다. 그리스도인들은 복음을 전하는 마음과 방법에서 간혹 중요한 것을 잊곤 한다. 영혼을 사랑하는 마음이 있어서 복음을 전하는 것이지, 복음을 전하기 위해 상대방과 친해지려고 한다면 그것은 옳지 않다. 전도할 때 자기도 모르게 이런 실수를 저지르는 경우를 종종 볼 때마다 원칙도 적용도 모두 잘못되었다는 생각이 든다. 사람은 전도의 목적이 되어서는 안 된다. 그것은 복음을 전한다는 이유로 사람을 이용하는 것이다. 설령 그가 복음을 들을지라도 나중에 자신이 전도의 목적으로 이용되었다는 것을 알게 된다면 사람에 대해 절망하고 배신감을 느낄 것이다. 사람과 사람의 관계 위에서 복음을 전하는 것이 맞다. 복음을 전하는 방편으로 인간관계를 세우는 것은 위험한 일이다.

인간관계의 중요성을 깨닫게 된 이후라 해도 나의 대인관계는 여전히 소폭으로 유지되었다. 교회 고등부와 대학부를 거치면서 하나가 둘을 만들어, 그 대여섯 명의 친구들이 오늘까지 우정과 사역을 나누고 있다. 박성남이 박성수를, 한인권이 한정국과 김광일을, 내가 이경준과 김병재를 데려와 평생의 관계가 이어지고 있는 것이다. 우리의 관계를 볼 때 크리스천 친구들의 우정(아니, 이것은 크리스천이 아닌 사람들에게도 그대로 해당될 것 같다)은 비전, 생활양식, 그리고 아내, 이 세 가지가 맞아야 오래 지속될 수 있다고 생각한다. 비전은 다른 말로 하면 가치관이고, 생활양식은 삶의 수준이나 스타일을 말한다. 만날 때마다 부동산 시세나 주식투자 이야기에 열을 올리는 친구와는 오래 만나기 힘들다. 주말이면 가족과 한강에 나가 산책을 즐기는 사람과 주말 새벽마다 골프를 즐기며 최고급 외제차를 타는 사람과는 우정이 깊어지기 어렵다.

그렇다면 아내가 맞아야 한다는 것은 무슨 말인가? 다행히 내가 만나는 네 명의 친구들은 아내들끼리도 가깝다. 그래서 부부가 같이 만나는 경우가 참 많다. 결혼한 사람은 알겠지만 부부동반 모임에서는 배우자가 매우 중요하다. 잘 맞지 않는 한쪽이 있으면 부부동반 모임은 성립되기 어렵고 오래가지도 못한다. 배우자들끼리 맞지 않으면 자연스럽게 남자끼리만, 또는 여자끼리만 만나게 된다. 그러니 친구와의 우정이 더 깊어지기 위해서는 아내와 친구의 아내들이 잘 맞아야 한다.

이제는 나도 나이가 제법 들어서 새로운 친구를 만들기가 쉽지 않다. 종종 새로 만나게 되는 이들은 친구라기보다는 동역자에 가깝다. 하지만 여전히 나는 관계에 있어서 적극적이기보다는 수동적이다. 평생을 그렇게 소수의 친구들과만 관계를 가지면서 인간관계에서 소극적으로 지내왔으나 돌이켜보면 신앙 안에서 누릴 수 있는 즐거운 우정과 동역을 부족함 없이 누렸다. 친구관계라는 약한 부분에 대해서도 하나님은 내버려두지 않으시고 온전히 채워주셨다.

"가깝게 지내는 친구 몇몇을 제외하고는 친구가 별로 없다"고 말하면 사람들은 의외라는 반응을 보인다. 친구가 별로 없는 나의 약함을 생각하다가, 다른 인간관계들도 살펴보았다. 또 의외라는 반응이 나올지 모르겠으나, 시원찮은 부분들이 눈에 띈다. 바로 나의 윗사람과의 관계이다. 하지만 그 또한 하나님이 선하게 인도해주시며 나의 약함을 감추시고 당신의 능력을 드러내셨다. 그 관계 또한 사람과의 관계를 두고 늘 마음에 새겼던 "여러분 쪽에서 할 수 있는 대로 모든 사람과 더불어 화평하게 지내십시오"(롬 12:18)라는 말씀 아래 살면서 다시 한 번 나의 약함을 채워주시는 하나님의 은혜를 체험했다.

06

상처와 유혹을
이기고

제주도 신혼여행지에서 아내와 함께

성적으로 범죄하지 않기 위해서 아내와 관계를 통해 만족이 되게 해달라고 기도했습니다. 꼭 해야 할 좋은 기도지만 조금은 이기적이었습니다. 이제부터 아내도 만족할 수 있게 해달라고 기도하기로 했습니다. _2012년 6월 20일 트위터 글

이성에 대한 첫 기억은 유치원 때로 거슬러 올라간다. 그 아이의 이름은 손애라였고, 유치원 여자아이들 중에서 제일 예뻤다. 해묵은 앨범 속에는 애라와 같이 그네를 타면서 찍은 사진이 있다. 둘씩 짝을 지어 졸업 기념사진을 찍었는데, 어쩌다 보니 나는 애라와 짝이 되었다. 속으로 기분이 썩 좋았던 기억이 난다. 물론 나만의 생각이었고 그걸 내색하지는 않았다.

이성에 대한 초등학생 때의 기억은 별로 없지만, 중학생 때부터는 여학생들에게 부쩍 신경이 쓰이고 관심이 갔다. 사춘기 남자 중학생에게는 당연한 일이다. 하지만 신앙을 가진 남학생이라는 자존심으로 마음을 절제하며 그 시간을 버텨냈다. 그때는 교회를 연애당이라고 부르는 사람들이 많았다. 남자아이들과 여자아이들이 교회에서 스스럼없이 만나고 모이는 일이 잦았고, 한창 이성에게 수직으로 관심이 치솟을 때라 이른바 '썸'이라는 것 또한 적잖이 있었다.

하지만 나는 그런 소리들이 듣기 싫었다. 그래서 어떤 여학생이 마음에 들어도 전혀 내색하지 않았다. 고등학교 1학년 때 교회에서 피아노 치는 여학생에게 마음이 푹 빠졌지만, 딱 거기까지였다. 더 이상의 진전은 없었다. 연애당이란 소리를 듣는 마당에 나까지 그런 대열에 합류하고 싶지 않았다. 예수 잘 믿는 착한 교회오빠인 만큼 속으로만 교회 동생이나 누나를 혼자 좋아하며 소년기를 보냈다. 한 번도 표현한 적 없이 속으로만 좋아했던 것은 지금 생각해도 기특할 정도다.

대학에 들어가서는 남들처럼 대학생만의 특권 같던 미팅이라는 걸 했다. 첫 미팅은 이화여대 영문과 학생들이었다. 처음 만나는 여학생과 이야기하는 것은 너무나 어색했다. 그쪽도 내가 탐탁지 않은 것 같았다. 알지도 못하는 여학생과 이런 식으로 만나 이야기하는 것이 너무 힘들어서, 그날 이후로 미팅은 한 번도 하지 않았다.

대학부 시절, 우리 교회는 대학 다니는 동안은 연애하지 않는 것이 불문율처럼 되어 있었다. 이성한테 신경 쓰지 말고 신앙훈련에 매진하자는 것이 대견한 결정이었다고나 할까. 지금 생각하면 말도 안 되는 내부 규칙이었지만, 그만큼 신앙훈련에 대한 순수한 열정이 있었다. 나는 그 불문율을 비교적 잘 지키고 있었다. 그러다가 한 여학생을 만난 후로 내 절제는 여봐란 듯이 깨지고 말았다.

대학교 4학년 때 학교 공부를 마치고 집에 가려던 길이었다. 지금 이랜드 그룹 회장으로 있는 박성수 형제가 연세대학교로 놀러 가는 길이라며 나한테도 같이 가자고 했고, 나도 별 생각 없이 따라나섰다. 연세대학교 정문을 지나 백양로를 따라 올라가다가 한 무리의 여학생들을 만났는데 후배는 그들과 아주 반갑게 아는 척을 했다. 나는 낯선 여학생들이라 멀찌감치 뒤로 물러나 있었다.

그때 그중 한 여학생이 내 시선을 송두리째 잡아끌었다. 그 여학생 주변의 모든 것이 흑백인데, 그녀 혼자만 컬러사진처럼 빛났다. 신기한 경험이었다. 여학생들과 헤어져 올라가다가 나는 후배 녀석에게 짐짓 태연하게 물었다.

"쟤네들 누구냐? 너랑 잘 아는 사이야?"

"형, 몰랐어요? 쟤네 우리 교회 대학부 애들이잖아요."

그때 대학부가 많이 커져서 내가 미처 알지 못했던 후배들인 모양이었다.

아하, 뭔가 일이 잘될 것 같은 기분 좋은 예감이 들었다.

두 번의
실연

예상한 대로 나는 그 여학생에게 연락을 했고, 우리는 만나기 시작했다. 이미 한눈에 반해 그녀에게 푹 빠진 나는 몇 번 데이트를 한 다음에 결혼을 생각하기 시작했다. 그전에도 좋아하는 여학생들이 있었지만, 결혼까지 생각하면서 데이트를 한 것은 그녀가 처음이었다. 이미 마음속에 그녀에 대한 사랑이 펄펄 끓고 있어서 나는 만난 지 얼마 안 되어 곧 결혼 이야기를 꺼냈다. 그때 나는 대학교 4학년이고 그녀는 2학년이었다. 지금 생각해보면 청춘이라고 해도 한참이나 어린 대학생 신분이었다. 게다가 고작 2학년인 그녀는 얼마나 어렸던가. 사귄다고는 했지만 기간은 너무 짧았고, 그녀의 감정도 확인하지 않았으니 거의 짝사랑 수준이었다고 해야 맞는데 말이다. 결혼 이야기에 그녀는 큰 부담을 느꼈던 것 같다. 나는 전혀 눈치채지 못하고 내 감정, 내 생각을 그대로 표현하며 그것이 사랑이라고 믿었다.

그러던 어느 날, 그녀가 돌연 그만 만나자고 했다. 이른바 차인 것이다. 좋아하는 여자가 나의 사랑을 받아들이지 않고 떠난 것도 속상했지만, 누군가가 나를 거절했다는 것도 충격이었다. 주변에서 언제나 사랑받고 인정받기만 했던 나로서는 그 사실을 수긍할수가 없었다.

너무나 고통스러웠다. 처음이었다. 사람들이 왜 술을 마시는지, 정신을 잃을 정도로 술에 취하는지 이해할 수 있었다. 심지어 사랑 때문에 자살하는 사람 마음도 헤아릴 만했다. 도무지 견딜 수가 없었다. 지금 생각하면 그녀를 이해할 수 있지만, 그때는 그렇게 말한 그녀를 전혀 이해할 수가 없었다.

돌이켜보면 그때 하나님은 나를 한없이 약한 존재로 만드셨던 것 같다. 나는 거절당한 채 바닥에 나동그라졌다. 그러면서 아픈 마음에서 벗어나기 위해 기도를 많이 했다. 그러던 중 한 말씀을 통해 작은 빛을 보았다. "하나님을 사랑하는 사람들, 곧 하나님의 뜻대로 부르심을 받은 사람들에게는, 모든 일이 서로 협력해서 선을 이룬다는 것을 우리는 압니다"(롬 8:28).

"하나님을 사랑하는 사람들", "모든 일이 서로 협력해서 선을 이룬다는 것"이라는 그 말씀은 사막에서 만난 물방울처럼 내 마음을 조금씩 적셔갔다. 나중에 이루어질 선을 지금 알 수는 없지만, 일단 하나님께 의뢰하자는 생각으로 마음을 추슬렀다.

그렇게 얼마간의 시간이 흘렀다. 취업을 해서 6개월 동안 프랑스를 다녀온 후 불어과에 다니는 후배와 데이트를 시작했다. 그녀도 나를 좋아해서 우리는 결혼까지 생각했다. 하루는 그녀의 아버지를 뵙고 인사를 드리는 자리가 마련되어 나갔다. 마음은 떨렸지만 별 걱정 없이 나간 자리에서 그분은 아주 정중하게 나를 사위로는 생각하지 않는다고 거절하셨다. 그분은 변호사 출신의 국회

의원이었는데, 내가 가진 조건으로는 여지가 전혀 없다는 것이었다. 충격이었다. 면전에서 그런 거절을 당하자 내 자존심은 여지없이 무너졌다.

말이 통하는 두 여성과의 연애에서 나는 보기 좋게 거절당했다. 결국 여자를 사귀는 데 완전히 자신감을 잃었다. 이러다 과연 결혼을 할 수 있을지 회의에 빠졌고, 실연으로 헤매는 나를 어머니와 이모들은 안쓰럽게 바라보며 위로해주셨다. 얼마나 자신감을 잃었던지 한국 여자들과 사랑할 자신이 없어서 이러다가는 결혼을 못하거나 외국인과 결혼해야 할지도 모른다는 생각까지 들었다. 그러는 동안에도 나를 좋아한다고 고백하는 여자들이 있긴 했지만, 나는 전혀 관심이 없었다. 좋아한다고 먼저 고백하는 여자들의 감정이 너무나 부담스러워서 줄행랑을 쳤다. 무엇보다 '말이 통하는 여자'를 찾다 보니 그 조건에 맞는 사람이 거의 없었다.

결혼에 대한 부담은 늘어나고 여자 사귈 자신은 없어서 처절하게 약해져 있던 그때, 하나님은 나에게 은혜를 베푸셨다. 생각해보면 하나님은 그때까지 나를 한없이 낮추시며 때를 기다리셨던 것 같다. 왜냐하면 처음에 사랑했던 그 여성과 다시 만나게 되었기 때문이다. 헤어지고 대략 5년이 지난 후였다. 그녀도 미혼이었다. 그녀 또래의 친구들은 이미 다 결혼했는데, 혼자만 남아서 그녀 역시 심리적으로 결혼의 압박을 느끼고 있던 차였다.

우리는 금세 사랑을 확인했다. 처가에 인사드리러 갔을 때 장인

어른은 옛날 어르신들이 대개 그렇듯 나의 학벌에 크게 만족하시며 단박에 결혼을 허락하셨고, 장모님은 이모저모 나를 꼼꼼하게 따져보셨다. 우리는 먼저 약혼을 했고, 결혼까지 일사천리로 진행되어 내 나이 스물일곱이 되던 1979년 3월, 결혼을 했다. 나는 지금 그녀와 35년째 아주 잘 살고 있다.

미숙했던
신랑의 역할

한 남자와 한 여자가 만나 평생 함께 살기로 결정하는 것은 어마어마한 일이다. 대부분의 사람들이 결혼을 하니까 그것이 누구나 하는 몹시 쉬운 일인 것 같지만, 실제로 결혼은 말할 수 없이 중요한 일이다. 전 세계 인구가 71억 명이니까, 그중 절반인 35억 명 중 한 사람과만 평생을 함께하기로 서약하는 일이니, 얼마나 굉장한 일인가. 그래서 남들이 다 하는 간단한 일이라고 생각해 덜컥 결혼 결정을 내린 사람들은 한동안 순탄치 못하게 좌충우돌의 시간을 겪고, 그 고비를 넘기지 못한 사람들은 남으로 돌아선다. 결혼은 두 사람 중 어느 한 사람만 잘한다고 해서 되는 게 아니다. 두 사람이 함께 하나가 되도록 마음을 모으고 행동으로 움직여야 하는데 그것은 결코 쉽지 않다.

두 여성과 뼈아픈 실연을 겪은—다행히 한 여성과는 다시 만나 결혼까지 했지만—후 나는 한없이 약해졌다. 그래서 배우자와 관련해서는 겸손하고 약해져야 하나님의 능력이 나타난다고 생각한다. 조건을 따지지 말고 사랑하고 섬기려는 마음으로 찾으면 하나님은 사람을 보여주신다.

딸의 결혼에 대해 한 가지 바라는 점이 있었다면, 그것은 조건을 보지 말고 사랑하는 사람과 결혼하기를 바란 것이었다. 감사하게도 딸은 당당하고도 당연하게 조건이 아닌 사랑을 선택했다. 너무 많은 것을 기대하면 결혼하기는 더 어려워진다. 지나친 기대와 조건을 내건다면 거기에 하나님의 능력이 나타날 여지가 없지 않은가?

결혼 후 나는 직장 때문에 대전으로 내려가 있다가 주말에만 서울로 올라와 아내를 볼 수 있었다. 그렇게 1년이 못 되게 주말 부부를 했는데, 그때 아내는 마음고생을 좀 했다. 남편의 집에 들어와 사는 환경도 낯선데, 남편은 주중에 내내 집을 비우고 주말에만 잠깐 얼굴을 내밀고 그만이다. 아내는 직장생활하랴, 시댁에서 남편 없이 살랴 마음이 고달팠을 것이다. 그런데 나는 그 점을 전혀 헤아리지 못했다.

결혼 전에는 그녀를 못 보게 되면 죽을 것처럼 마음이 아팠는데, 결혼 후에는 모든 긴장감이 사라졌다. 결혼 자체로 대만족이었다. 원래 중요한 날짜를 기억하지 못하는 편이라, 어머니는 나에게 첫 번째 결혼기념일을 잊지 말라고 며칠 전부터 신신당부를 하셨다. 나는 큰소리를 쳤다.

"아니, 아무렴 제가 그날을 잊겠어요?"

하지만 결국 나는 1주년을 챙기지 못해, 지금까지도 그 부분에서는 할 말이 없는 영원한 죄인이다.

미국으로 유학을 가서야 신혼다운 신혼을 제대로 맛보았다. 남편과 아내와 아이만 있는 독립된 가정을 처음 꾸리게 된 것이다. 냉철하고 완벽한 분이셨던 어머니는 가장의 위치에서 우리 가정을 이끌고 계셨다. 아버지의 경제력이나 남편으로서의 역할에 어머니는 그다지 만족하지 못하셨다. 그러다 보니 어머니는 장남인 나에게 많은 부분을 의지하셨고, 어머니에게 나의 존재감은 4남매 중 하나가 아니라 거의 전부에 가까웠다. 정서적으로 어머니가 장남에게 갖고 있는 기대와 안정감은 내가 짐작했던 것보다 훨씬 엄청났다. 나는 그 사실을 아주 오랫동안 몰랐다. 나의 미숙함 때문에 아내는 혼자서 인내와 사랑으로 초기 결혼생활을 견뎌내고 있었다.

지금이야 결혼예비학교 같은 예비부부를 위한 프로그램이 많아서 결혼에 대한 교육이 좀 되어 있지만, 그때는 그런 게 전혀 없었다. 교회에서도 신앙훈련은 체계적으로 시켰지만 결혼생활에 대한 훈련은 생각하지 못하던 시절이었다. 나 역시 결혼 이후의 삶에 대해서는 완전히 무지했다. 결혼생활은 한 사람의 인생에서 가장 중요한 부분인데도 어느 곳에서도 결혼에 대한 바른 지침을 제공해주지 않았다. 지금은 그런 인식이 좀 나아진 편이라 다행이다.

창세기 2장 24절은 결혼에 대해 이렇게 말한다. "남자는 아버지와 어머니를 떠나, 아내와 결합하여 한 몸을 이루는 것"(창 2:24). 그것은 성경이 말하는 결혼의 중요한 전제다. 결혼이라는 과정을 통해 자녀가 부모를 떠나고, 부모가 자녀를 독립시키는 것은 매우 중요하다. 자녀는 부모로부터 경제적으로 독립해야 할 뿐만 아니라 정서적으로도 독립해야 한다. 부모 역시 자녀로부터 경제적으로, 또 정서적으로 독립해야 한다. 아무리 부모라고 해도 자녀에 대해 '내 자식'이라는 소유권을 주장해서는 안 된다. 그러나 효를 중시하는 유교사상에 젖어 있는 우리 현실에서는 어려운 문제이다.

나아가 부부관계가 건강하면 자녀가 결혼한 후 그 배우자에게로 부부 문제가 확산되지 않지만, 부부 사이가 나쁘면 자녀의 배우자에게 부정적인 영향을 미치게 된다. 그래서 건강한 부부관계는 남편과 아내 두 사람에게만 중요한 것이 아니라, 자녀 세대에도 상당한 영향을 미친다. 자녀의 행복과 불행, 나아가 한 가정의 행복과 불행은 부모의 부부관계에 의해 결정된다고 해도 과언이 아니다.

언제나
깨어 있기

이성관계에 자신 없는 모습을 보였던 나는 성적인 문제에도 약함이 있었다. 사고를 쳤다는 의미가 아니다. 하지만 남성으로서 성에 눈뜨게 된 후로 성은 평생 씨름해야 하는 문제가 되었다. 아마 남성이라면 누구나 성에 취약하다고 말하는 편이 맞을 것이다. 그런 점에서 가톨릭의 신부나 불교의 스님이 결혼한 목회자보다 훨씬 더 강하게 유혹에 노출되어 있다고 생각한다. 바울은 고린도교회에 편지하면서 이렇게 적었다. "남자는 여자를 가까이하지 않는 것이 좋습니다. 그러나 음행에 빠질 유혹 때문에, 남자는 저마다 자기 아내를 두고, 여자도 저마다 자기 남편을 두도록 하십시오"(고전 7:1-2). 오죽했으면 바울이 이렇게 말했을까? 이것은 죄를 짓지 않으려면 결혼하는 편이 안전하다는 간접적인 경고다.

소년에서 남자가 되는 과정에 있는 아이들이 대개 그렇듯, 나역시 자위행위에서 자유롭지 못했다. 어떻게 알게 되었는지 모르지만 나도 모르게 그 유혹에 빠져들었고, 그것을 알게 된 부모님의 호된 책망을 듣고 절대로 하지 않겠다는 맹세를 했지만 번번이 유혹에 지고 말았다. 사춘기가 되면서 문제는 좀 더 심각한 수준에 이르렀다. 단순한 행위를 넘어 생각으로까지 번지게 되면서 죄책감이 들었고 그 문제는 마음속에서 지속적으로 갈등을 일으켰다. 영화에서 조금만 야한 장면이 나와도 자극을 받았고 곧 상상에 빠지곤 했다.

남자의 본능에서 나오는 자연스러운 것이었음에도 불구하고 죄책감은 날로 가중되었다. 그것만 빼면 나는 누구보다 착실한 아이였고, 말썽이라고는 전혀 모르는 모범생 중의 모범생이었다. 성적인 상상에서 비롯된 죄책감은 내 발목을 끈질기게 붙잡고 늘어졌다.

중3 때 교회 수련회에서 "예수님은 네 죄를 위해 돌아가셨다"는 목사님의 말씀을 듣고 나는 좀 생뚱맞게 반응했다. '내 죄를 위해서라면 돌아가실 필요는 없었는데. 난 죄를 지은 적이 없으니까 말이야.' 남들 보기에 특별히 죄를 지은 것이 없다는 생각이 들었지만 곧바로 눈에서 눈물이 뚝뚝 떨어졌다. 마음속으로 음란한 생각을 했던 시간들이 스쳐갔던 것이다. 예수님이 내 죄를 위해 돌아가신 건 백번 맞는 말씀이었다. 내 죄를 회개하기 시작했다. 음란한 생각을 하면 간음한 것이나 마찬가지라는 말씀이 나를 죄인이라고 인정하게 만들었다.

그 후로 회개할 일이 있으면 성적인 문제들이 언제나 앞자리를 차지했다. 그래도 성적인 죄악이 마음과 생각을 넘어 밖으로 표출되진 않았다. 한번은 직장에서 프랑스로 장기출장을 간 적이 있었는데, 그곳에서 난생처음 포르노물을 접하게 되었다. 포르노 잡지에다 포르노 영화까지 본 것이다. 아무것도 모른 채 선배를 따라

극장에 갔다가 포르노 영화를 보고 나서 죄책감이 너무 컸다. 극장에서 나와 숙소로 돌아와서는 회개부터 했던 기억이 난다.

결혼 전까지는 계속 성적인 유혹과 싸워야 했다. 감사하게도 하나님이 보호해주셔서 한 번도 실수하지는 않았다. 결혼하는 날, 사랑하는 사람과 함께 살게 된 것도 기뻤지만, 이제는 성적인 문제로 더 이상 고민하지 않아도 된다는 생각에 더 기뻤다. 예상대로 결혼 후 성적인 문제는 거의 다 해결되었다. 결혼하고 나서 아내한테 이런 이야기를 했더니 아내는 이해할 수 없다는 반응이었다. 그때는 아내도 나도 남자의 성과 여자의 성이 아주 많이 다르다는 것을 알지 못했다.

하지만 시간이 흐르면서 아주 조금씩 예전처럼 성적인 고민들이 생겨나는 것을 느꼈다. 아내 아닌 여자들은 내게 얼마든지 유혹의 대상이 될 수 있다는 사실을 깨닫게 된 것이다. 특히 뉴욕으로 거처를 옮겨 박사과정을 밟을 무렵, 아내와 아이들이 6개월 정도 한국에 먼저 가 있는 바람에 우리는 이산가족이 되었다. 그 기간 내내 나는 정말 너무 힘들었다. "서로 물리치지 마십시오. 여러분이 기도에 전념하기 위하여 얼마 동안 떨어져 있기로 합의한 경우에는 예외입니다. 그러나 그 뒤에 다시 합하십시오. 여러분이 절제하는 힘이 없는 틈을 타서 사탄이 여러분을 유혹할까 염려되기 때문입니다"(고전 7:5). 사도 바울이 왜 그렇게 말했는지 뼈저리게 실감한 6개월이었다.

2000년대 초, 자녀의 교육을 이유로 우리 사회에 기러기아빠들이 대거 생겨났다. 한국에 홀로 남아 외국에 나가 있는 아내와 아이들을 부양하는 아버지들의 삶은 피폐해졌고, 많은 부부들이 따로 떨어져 살다가 실제적인 별거나 이혼에 돌입하곤 했다. 기러기아빠는 다양한 문제를 안고 있지만, 특히 성적인 부분에서 부부의 분방이 사탄에게 틈을 주는 것과 같다는 사도 바울의 경고가 예사롭지 않은 이유를 보여준다.

결혼 후에도
조심해야 할 부분

1986년, 서른넷에 목사 안수를 받던 날이 떠오른다. 일찍이 주님께 헌신했다고 생각했기에 목사가 된다는 것이 나에게 큰 의미는 없었다. 목사가 되든 안 되든 주님 앞에 헌신된 존재로 살겠다는 마음은 변함이 없었기 때문이다. 하지만 내심 한 가지 기대는 있었다. 목사가 되면 적어도 성적인 문제에서만큼은 좀 더 거룩해지지 않을까 하는 것이었다. 역시 순진한 생각이었다.

적어도 목사 안수는 성 문제를 해결하는 데 전혀 도움이 되지 않았다. 직분이나 직분에 대한 안수가 성적인 유혹으로부터 지켜줄 수 없을 뿐 아니라, 성적인 유혹으로부터 자유롭게 해주지도 않았다. 목회자들이 성적인 범죄를 짓는 것을 보면서 그것을 누차 확인했다. 성적인 부분에서 유혹을 면제받은 사람은 아무도 없으며, 목회자라고 해서 예외는 아니다. 가장 대표적인 성경인물인 다윗을 보라. 다윗 같은 사람이 실수하는 것을 보면 성적인 문제에서 큰소리칠 수 있는 사람은 없다는 것이 자명하다.

외국에 집회가 있어 종종 설교를 하러 나갈 때가 있다. 그때마다 나는 가급적 아내와 동행한다. 그런 나를 보고 선배 목회자들은 "거룩한 집회를 인도하는데 왜 아내를 데리고 왔느냐?"는 식으로 나무라듯 말한다. 하지만 나는 거룩함을 유지하기 위해 아내와 같이 간 것이다. 거룩한 집회를 끝내고 호텔 방으로 들어와 TV를 켜는 순간, 그 방은 온갖 성적인 유혹으로 가득 차고 만다. 그래서 어떤 목회자는 호텔 방 텔레비전 위에 가족사진이 담긴 액자를 올려놓는다고 하지만, 그 정도 방비책은 너무 약하다. 아내와 동행하면 비용이 더 들긴 하지만, 돈이 들더라도 성적인 유혹으로부터 나를 확실하게 지키는 것이 더 가치 있다.

성적인 문제에서 나는 두 가지 원칙을 세웠다. 하나는 아내 이외에 어떤 여성과도 단둘이 밀폐된 공간에 있지 않는다는 것이다. 내 차에 아내가 아닌 여성이 탈 때는 반드시 뒷자리에 앉도록 했다. 따로 긴히 상담할 내용이 있다고 만남을 청하는 여성이 있을 경우에는, 양해를 구하고 아내와 함께 나가거나 아내를 대신 내보냈다. 유혹의 가능성을 미리 차단하는 것이 지혜롭다. 성적인 유혹은 맞서 싸우지 말고 무조건 피해야 이긴다. 그 유혹과 전투가 벌어졌을 때 내가 패배할 가능성이 너무 높기 때문이다. 성적인 실수는 정말 한순간이며, 실수하는 순간 완전히 자멸하는 것임을 잊지 말아야 한다. 어떤 경우라도 의심할 만한 행동은 하지 않으며, 혹 그런 일이 생기면 빨리 사과하고 바로잡는 편이 맞다.

어느 날 저녁, 집에 들어왔더니 나를 보는 아내의 얼굴에 냉랭한 기운이 가득했다.

"왜, 무슨 일 있어? 나한테 기분 나쁜 거 있었나?"

도무지 짐작되는 일이 없어서 아내에게 물었다. 아내는 잠깐 생각하더니 점심 때 같이 만났던 여집사님 이야기를 꺼냈다.

"당신이 이야기하다가 집사님 어깨에 손을 얹었잖아. 그런데 그게 마치 어깨에 손을 둘러 감싸는 것처럼 보였어요. 물론 당신은 아니라고 하겠지만, 생각할수록 기분이 나빠요. 남들은 오해할 수도 있는 행동이었어."

아내 이야기를 들으니 점심 때 그 장면이 선명하게 떠올랐다. 솔직히 좀 억울했다. 나는 아무 의도 없이 자연스럽게 행동한 것인데, 왜 그렇게 비쳤을까. 하지만 하나님이 보신 것이라고 생각해 아내에게 바로 사과하고 다시는 그런 실수를 하지 않겠다고 말했다. 성적인 문제라면 작은 일 하나라도 반듯하게 고쳐나가야 큰 실수를 미리 막을 수 있다. 어떤 경우라도 의심받을 만한 행동은 하지 않으며, 혹 그런 일이 생기면 빨리 사과하고 바로잡는 편이 맞다.

다른 한 가지 원칙은 기도하는 것이다. 성적으로 유혹을 받지 않도록 기도하는 것에서 그치지 않고, 좀 더 적극적으로 아내와 성적으로 만족하는 관계를 누려서 다른 여성으로부터 유혹받지 않게 해달라고 기도했다. "남자는 여자를 가까이하지 않는 것이 좋습니다. 그러나 음행에 빠질 유혹 때문에, 남자는 저마다 자기 아내를 두고, 여자도 저마다 자기 남편을 두도록 하십시오"(고전 7:1-2). 이 얼마나 현실적인 말씀인가? 바울은 죄를 짓지 않으려면 결혼하는 쪽이 더 안전하다고 가르쳐준다. 나는 이 말씀을 따라 기도했고, 하나님은 내 기도를 들어주셨다.

"서 있다고 생각하는 사람은 넘어지지 않도록 조심하십시오"(고전 10:12). 성적인 문제에서는 이 말씀대로 해야 한다. 큰소리치지 말고 항상 조심하는 것, 그 이상의 왕도는 없다. 다윗 같은 실수를 저지르지 않도록 주의하며, 그런 상황에 처했을 때는 요셉처럼 분명하게 처신해야 한다.

유혹이 있을 때 잠언의 말씀으로 자신을 지켜야 한다. 무엇보다 성적인 욕구를 배우자와의 관계를 통해 해결하는 것을 게을리하지 마라. "너는 네 우물의 물을 마시고, 네 샘에서 솟아나는 물을 마셔라. 어찌하여 네 샘물을 바깥으로 흘러 보내며, 그 물줄기를 거리로 흘러 보내려느냐? 그 물은 너 혼자만의 것으로 삼고, 다른 사람들과 나누지 말아라. 네 샘이 복된 줄 알고, 네가 젊어서 맞은 아내와 더불어 즐거워하여라. 아내는 사랑스러운 암사슴, 아름다운 암노루, 그의 품을 언제나 만족스럽게 생각하고, 그의 사랑을 언제나 사모하여라"(잠 5:15-19).

07

불편한 관계를 통해
얻는 것 1

대학부 시절에 옥한흠 (당시) 전도사님과 함께

인생에서 가장 중요한 것은 관계입니다. 성경은 하나님과의 관계는 영생을 약속한다고 가르칩니다. 건강과 장수에 관해 조사한 한 책에서는 사람과의 관계가 좋은 사람이 장수한다고 합니다. _2012년 5월 21일 트위터 글

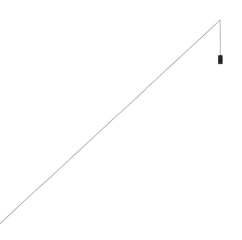

나는 비교적 모범생과에 속했다. 가정에서도 학교에서도 교회에서도 누구에게나 인정받는 아이였다. 말썽 부리는 일이 없으니 어른들이 나를 싫어할 리 없었다. 그런데도 학교에 계신 어른들이 별 이유 없이 내게는 무서운 존재였다. 그래서 선생님들과 거의 교류가 없었다. 공부는 잘하는 편이었지만 선생님이나 교무실은 건널 수 없는 강처럼 느껴졌다. 아마도 어머니가 학교에 오시지 않았기 때문에 그랬던 것 같다. 당시에는 엄마들의 치맛바람이 아주 거셌는데, 우리 엄마는 생업에 매달리시느라 한 번도 학교에 오신 적이 없었다. 나는 그것 때문에 많이 주눅 들어 있었다. 5학년 때 담임선생님만 크리스천이어서 친근감을 좀 느꼈을 뿐, 다른 선생님들은 학교에 걸음하지 않는 엄마 때문인지 나를 가깝게 대해주지 않았다. 중고등학교에서도 사정은 마찬가지였다.

학교와 달리 교회는 좀 나았다고 해도 나를 가르치신 선생님이나 전도사님들과의 관계 또한 1년이 고작이었다. 해가 바뀌고 학년이 달라져 새로운 선생님을 만나면 이전 선생님과의 관계도 뚝 끊어졌다. 중등부를 지도하시던 목사님과 전도사님과는 아주 잘 지냈다. 그런데 고등부를 섬기던 전도사님과는 그렇지 못했다. 고등부 때 어른들과 잘 지내지 못하는 나의 약함이 처음으로 드러난 것 같다.

고등부를 담당하시던 전도사님은 몇몇 여학생들의 마음에 큰 상처를 주셨다. 설교를 하면서 걸핏하면 몇몇 여학생들을 지목해 욕을 하신 것이다. 물론 그 철없는 아이들이 잘못하기는 했지만 설교시간에 그렇게 지적하는 것은 옳지 않다는 것이 고등부 회장을 맡고 있던 내 생각이었다. 그것 때문에 고민을 많이 했다. 오랜 고민 끝에 잘못된 것은 바로잡는 것이 맞다는 결론을 내렸다. 담임목사님을 찾아가 전도사님의 잘못된 언행에 대해 말씀드리고, 그분을 교회에서 내보내달라고 부탁드렸다. 결국 그 전도사님은 교회를 떠났다.

지금 생각해보면 참 나답지 않은 행동이었다. 도대체 어디서 그런 용기가 났는지 알 수 없는 일이다. 그때는 순전히 "아닌 건 아니다"라는 생각밖에 없어서 곧이곧대로 행동한 것 같다. 그 당시 목사님을 비롯해 교회 어른들 사이에서 방선기라는 아이에 대한 신뢰가 있었기 때문에 가능했던 일처럼 여겨진다. 어른들 입장에서 볼 때 공부 잘하고 열심히 교회 다니며 활동하는 학생이 최고로 보이기 때문이다. 물론 그때는 고등부 회장으로서 바른 일을 하겠다는 생각밖에 없었지만 말이다. 어쨌든 그때부터 윗사람과 관계 맺는 일이 어려워졌다. 중요한 시기에, 가는 곳마다, 윗사람들과의 관계가 삐걱거렸다.

내가 옳다고
믿는 일

지금은 교회마다 대학부와 청년부가 당연한 것처럼 존재하지만, 내가 대학을 다니던 1970년대 초반의 교회에는 그런 조직이 아예 없었다. 당시 성도교회는 서울 시내에서 다섯 손가락 안에 드는 역동적인 교회였고, 우리 교회 대학부에는 옥한흠 전도사님이 계셨다. 그렇다, 그러니까 옥한흠 목사님의 성도교회 전도사 시절 이야기다. 그 시절, 그분을 만난 것은 내 인생에 매우 중요한 사건 중에 하나다.

대학교 1학년 때 나는 교회에서 주일학교 교사를 하고 있었다. 옥한흠 전도사님은 제법 괜찮아 보이는 대학생이 교회 봉사도 열심히 하고 캠퍼스에서 선교단체 훈련도 받고 있으니 여러모로 대

견해 보였던 모양이다. 나를 중심으로 교회에서 대학부를 만들어
볼 생각을 하신 것이다. 그래서 옥 전도사님은 날짜를 정하고 교
회에 다니는 대학생들은 모두 모이라는 안내를 붙였다. 어느 여름
날이었다. 교회의 한 공간을 빌려 포도를 사놓고 대학생들을 맞을
준비를 했다. 옥 전도사님과 나는 계속 기다렸으나 결국 한 사람
도 오지 않았다. 하는 수 없이 나는 그때 내가 가르치던 고3 후배
들을 데리고 와서 함께 포도를 먹었다. 그것이 성도교회 대학부의
시작이었고, 그 후배들은 대학부의 기둥이 되었다.

당시 옥 전도사님의 설교나 강의는 탁월했다. 하지만 그와는 별
개로 나는 이미 선교단체에서 훈련을 받고 있어서 나름대로 후배
들을 모아 제자훈련을 하고 있었다. 대학부 시간에는 옥 전도사님
의 지도를 받았지만, 그 시간이 끝나고 나서는 후배들과 따로 시
간을 가졌던 것이다. 그러던 어느 날 후배들과 함께 공부하는 것
을 옥 전도사님이 보게 되었다. 잘못한 일은 아니었는데 나는 좀
당황스럽기도 하고 한편으로는 죄송하기도 했다. 대학부 사역자
와 의논하지 않고 독자적으로 성경공부를 했으니 그분 입장에서
는 기분이 좋지 않을 것 같았다.

하지만 옥 전도사님의 반응은 너무나 뜻밖이었다.

"이렇게 좋은 공부를 왜 너희들끼리만 하는 거지? 다른 대학부
친구들이랑 다 같이 하면 좋겠다."

나는 옥 전도사님한테 한마디 듣겠구나 했는데 오히려 우리가

하던 공부를 폭넓게 수용해주셔서 정말 기쁘고 감사했다. 그때는 단순히 그렇게만 생각했다.

생각해보면 옥 전도사님의 신앙적 배경으로는 선교단체의 훈련을 수용하기에 어려운 부분이 많았다. 그러나 그분은 그것을 뛰어넘으셨다. 옥 전도사님이 그럴 수 있었던 것은 당신 스스로 고민해오던 일이라서, 기존 교회가 하지 못하고 있었던—아니, 그때는 개념 자체가 없었던—것을 발견하자마자 즉시 수용하신 것이다. 그런 반응과 수용은 누구나 보여줄 수 있는 것이 아니다. 옥한흠 목사님이니까 가능했다. 옥한흠이라는 그릇의 크기를 보여주는 귀한 사례다. 그래서 그분은 범인이 아닌 위인이라고 생각한다.

옥 목사님은 선교단체의 훈련 프로그램들을 업그레이드해서 대학부에 적용하셨다. 핵심은 살리되 교회 대학부에 맞는 프로그램으로 강화하고 당신만의 창의적인 부분을 가미해 정착시키셨던 것이다. 그것은 어느 교회에서도 시도하지 않은 완전히 새로운 교육이었다. 아마도 그것이 옥한흠 목사님의 제자훈련의 초기 버전일 것이다. 대학부에서 시도한 제자훈련은 대성공이었다. 그 후 나는 선교단체를 떠나 옥 목사님이 진두지휘하시는 대학부에서 성장했다. 선교단체의 교육 프로그램을 성도교회에 소개한 것은 나였지만, 나는 옥 목사님을 통해 한층 튼실해진 프로그램의 수혜자이자 스태프로 일했다. 박성남, 한인권, 박성수, 한정국, 김광일 같은 동기와 후배들이 함께했다.

그러다가 옥 목사님이 대학부에서 공개 세미나를 하자고 제안하셨다. 나는 조심스럽게 반대 의견을 냈다. 옥 목사님은 다른 교회 대학부에도 우리 교회의 제자훈련을 소개하자는 의도에서 제안하신 것인데, 나는 우리 대학부를 자랑하는 것처럼 느껴졌다. 물론 옥 목사님은 세미나를 진행하셨고, 일은 성황리에 마무리되었다. 나는 뒤늦게나마 옥 목사님의 뜻을 이해하게 되었다.

그렇게 지도자에게 반대 입장을 냈던 나는 대학부 회장을 세우는 일이나 그 밖의 다른 몇 가지 일들로 옥 목사님에게 다른 의견을 피력한 일이 있었다. 내가 대학을 다니던 시절에는 대학생도 학교 배지를 달고 다녔다. 서울대라는 학벌을 배지에 표시했던 것은 여러 의미에서 과시적이기도 했다. 그런 분위기가 싫어서 나는 배지를 달지 않았다. 대학부 안에서도 서울대 중심의 리더그룹이 형성되는 것이 영 못마땅했다. 이른바 경기고, 서울대 출신을 의미하는 KS인 내가 봐도 교회 안에 학벌 위주의 서열화가 거슬리는데, KS가 아닌 사람들이 그런 경향을 모를 리 없었다. 그래서 신앙의 수준이 시원치 않은데도 서울대라는 이유로 대학부 회장을 맡기는 것은 옳지 않다고 생각했다. 지금 생각하면 건방지기 짝이 없는 행동 같지만, 그때는 내가 옳다고 믿었기 때문에 그렇게 행동했다.

모난 성격이 낳은
결과들

첫 직장에서도 선배들과 비교적 원만하게 지냈는데, 딱 한 사람, 부소장 눈 밖에 난 일이 있었다. 한번은 성격이 워낙 꼼꼼하신 그분이 내게 책장 정리하는 일을 맡겼다. 책을 반듯하게 세워서 똑바로 꽂아두라는 것이 부소장의 명령이었는데, 그 일을 하다가 시쳇말로 나는 완전히 꼭지가 돌아버렸다. 나는 잡지를 파일박스 안에 넣는 것으로만 일을 끝냈다. 그랬더니 부소장이 와서 왜 일을 이 따위로 하느냐며 화를 냈다. 책처럼 두께감이 없는 얇은 잡지를 파일박스에 꽂아두면, 박스를 가득 채우지 않는 이상 잡지는 옆으로 쓰러지게 마련이다. 그런데 부소장이 그걸 가지고 일을 잘못한다고 책망하니까 나는 열이 났던 것이다. 책을 읽는 것이 중요하지 가지런히 정리하는 게 무슨 대수고, 그런 일에 왜 에너지를 쏟아야 하는지 이해할 수 없던 차였다.

나도 모르게 막말이 튀어나왔다. "왜 이런 쓸데없는 일을 해야 합니까?"

한마디로 하룻강아지가 범 무서운 줄 모르고 덤빈 꼴이었다. 부소장은 새까맣게 어린놈의 반발이 어이없다는 표정으로 쌩하게 나가버렸다. 놀란 선배가 달려와 무슨 일이냐며 물었다. 상황을 들은 선배는 아무것도 아니라는 듯이 말했다.

"잡지가 다 채워지지 않은 박스에는 신문지를 구겨 넣어 공간을 채우면 잡지가 안 쓰러지잖아."

그날 일로 나는 부소장에게 완전히 찍혔다. 심지어 그분은 나를 해고시키려고 하기까지 했다. 몇몇 선배들의 강력한 옹호가 없었더라면 나는 연구소에서 쫓겨날 뻔했다. 그 일을 생각할 때마다 나는 베드로전서 2장 18절 말씀이 떠오른다. "하인으로 있는 여러분, 극히 두려운 마음으로 주인에게 복종하십시오. 선량하고 너그러운 주인에게만 아니라, 까다로운 주인에게도 그리하십시오."

하나님을 믿는 사람으로 까다로운 상관에게도 순복했어야 하는데, 나는 그렇게 하지 못했다. 딴에는 옳다고 생각한 일이었지만, 말씀대로 살지 못했던 것에는 변명의 여지가 없다.

평소에 나는 윗사람에게 대드는 성격이 아니라고 여겼는데, 이런저런 기억들을 더듬어보면 나는 결코 순종적인 스타일이 아니었다. 어렸을 때는 무섭다는 이유로, 나이가 좀 들어서는 이해할 수 없다는 이유로 윗사람과 관계를 잘 맺지 못했다. 윗사람과의 관계에도 질서가 분명히 있는 법이고, 정말 사랑하는 관계로 생각한다면 해서는 안 되는 일이 있는데, 나는 그 선을 지키지 못했다. 그때로 다시 돌아간다면 절대 그런 식으로 대응하지 않을 것이다. 그만큼 나는 미숙했다.

이렇게 까다로운 주인에게 복종하지 못했던 나의 약함은 교회에서 다른 모양으로 드러나기도 했다. 그리고 그 실마리는 복종이 아닌 용서를 통해 풀렸다. 관계의 회복은 용서받음과 용서함에 있다는 것을 배운 내 인생의 중요한 경험들이다. 모교회인 성도교회 목사님은 내게 많은 은혜를 베풀어주신 분이다. 한국에서 신학을 공부할 수 있도록, 그리고 미국에서 박사과정을 밟을 수 있도록 장학금을 지원해주신 고마운 분이었는데, 나는 그만 결례를 범하고 말았다. 교회 내에 복잡한 사정이 생겨서 목사님을 존경하는 마음을 잃어버려 목사님에게 진심으로 충분히 감사의 표현을 하지 않은 것이다. 물론 이때도 나름대로 내 행동이 정당하다고 생각했지만, 그분 입장에서 보면 한없이 배은망덕한 인간으로 보였을 것이다.

다음 장에서 나오겠지만, 그 후 다른 일 때문에 나는 내 인생 최대 위기에 봉착해 10일간의 금식기간을 가졌다. 그때 기도하면서 하나님은 내가 모교회 목사님을 섭섭하게 해드렸던 그 일을 깨우치게 하시며 그분에게 용서를 빌라고 하셨다. 그래서 금식기도를 마치고 나서 곧장 그분을 찾아가 용서를 빌었다. 목사님은 내 손을 잡고 눈을 마주치며 말씀하셨다.

"다 지난 일이네. 와줘서 고맙네."

그분도 속으로 언짢은 게 남아 있으셨을 터이나 내가 찾아가 용서를 구하자 별 말씀 없이 그 일을 털어내셨다. 그때 나를 바라보셨던 그분의 편안한 눈빛과 말씀을 지금도 잊을 수 없다. 그분이나 나나 수년째 가슴속 깊은 곳에 묻어두었던 불편한 마음들을 정리했다. 그분과의 관계는 그렇게 회복되었다.

그렇게 용서로 나아갈 수 있게 해주신 하나님께 감사드린다. 하나님은 용서로 나의 약함을 강함으로 바꾸셨지만 그때 나는 그 비밀의 전체를 채 깨닫지는 못했다. 그로부터 몇 년의 세월이 더 지난 후에 나는 더 강력한 용서를 체험했고, 그 경험은 내 인생에서 가장 잘한 일 중에 하나로 기록되었다. 꺼내기 쉬운 이야기는 아니지만, 그래도 남겨두어야 할 용서의 비밀, 용서의 힘을 이야기해 보련다.

08

불편한 관계를 통해
얻는 것 2

나의 약함이자 오랜 숙명, 설교

사랑의 함량이 부족할 때 서로 간에 갈등이 일어납니다. 마치 기름을 치지 않은 기계가 뻑뻑해지듯이요. 누구든지 먼저 사랑의 함량을 늘이면 관계가 회복됩니다. 마치 기계에 기름을 치면 부드러워지듯이요. 이 사랑의 함량을 최대로 늘린 것이 원수 사랑입니다. _2012년 4월 9일 트위터 글

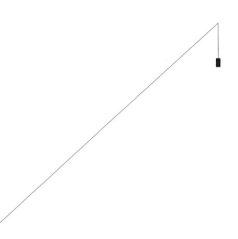

어른들과 관계 맺을 때 생기는 어려움은 미국에서도 반복되었다. 뉴욕의 한 교회에서 전도사로 사역하다가 똑같은 실수를 저지른 것이다. 담임목사님의 목회 방식이 내게 맞지 않았고, 그런 속생각은 행동으로 은연중에 드러났다. 그때의 내 생각이 옳았다고는 판단하지만, 태도를 따져보면 그리 좋은 평가를 내릴 수는 없다. 세상에 비밀은 없는 법. 목사님을 향한 비판적인 내 말들이 목사님의 귀에 들어갔고, 나는 목사님에게 불려가 책망을 들었다. 목사님과 이야기를 나누는 동안 나는 마음을 굳혔다. '이 교회를 떠나겠어.'

그래서 그 자리에서 바로 사표를 냈다. 나의 느닷없는 사직서에 목사님이 당황하시는 것 같았지만, 그런 모습도 개의치 않았다. 그저 더 이상 그 교회에 있고 싶지 않았다. 그리고 굳게 믿었다. 이것은 하나님의 뜻이라고.

집으로 돌아가 이 문제를 놓고 기도했다. 기도를 시작하자마자 마음속에서 생각들이 꼬리를 물고 이어졌다. 지금 이런 모습으로 떠난다면 이 교회에 다시 오기는 어려울 것이고, 목사님과의 관계도 여기서 끝날 것이다. 그것이 과연 하나님이 원하시는 것일까? 그렇다고 사역을 같이하고 싶은 마음은 눈곱만큼도 없는데 억지로 남아 있는 것이 과연 하나님의 뜻일까? 답답한 가운데, 이렇게 끝내는 것보다는 차선책을 선택하기로 했다.

일단 나의 잘못을 인정하고 목사님에게 용서를 빌었다. 그리고 사직서를 돌려받았다. 한 달쯤 시간이 지난 후 학교 공부가 많이 힘들어서 사역을 잠시 쉬겠다고 말씀드렸다. 그렇게 목사님과의 관계를 회복한 후에 자연스럽게 교회를 떠나는 수순을 밟았다. 목사님은 우리 부부를 초대해 식사를 대접해주셨고, 떠나는 날은 교회 성도들 앞에서 환송의 말씀도 해주셨다. 그 당시 가깝게 지내던 교인들이 나를 이렇게 따뜻하게 떠나보내시는 목사님의 모습을 보고 많이 놀랐을 정도였다. 아마 처음에 생각했던 대로 내가 강하게 나갔다면, 그렇게 아름다운 결과를 얻지 못했을 것이다. 목사님에게 용기를 내어 용서를 구한 일은 내 인생에서 가장 잘한 일 중에 하나다.

**예상치 못했던
일**

하용조 목사님을 처음 뵌 것은 미국 유학 중일 때였다. 미국에서 열린 한 집회에서 뵈었고, 그 후 경제적으로 형편이 좋지 않았던 나는 두란노서원 동부지사에서 일을 거들었다. 이름이 거창해서 동부지사지, 그저 뉴욕에서 동부 쪽 책을 주문받고 배송해주는 일이었다. 그러면서 가끔 〈빛과 소금〉에 원고를 쓰기도 했다. 두란노서원과의 인연은 그렇게 시작되었다.

미국에서 공부를 마치고 한국으로 돌아오게 되었을 때 내 손을 잡아주신 건 하용조 목사님이셨다. 나는 교육학 박사학위를 가진 목사였으나 신학교나 교회에 가서 사역할 엄두는 전혀 나지 않았다. 가르치는 일도 목회도 모두 자신이 없었다. 그때 하 목사님이 두란노서원에서 같이 일해보지 않겠느냐고 제안하셨고, 나는 기쁜 마음으로 두란노서원에 합류했다. 나중에 들은 소리지만, 하 목사님은 내가 오기 한 달 전부터 따로 방을 만들고 새 책상을 들여놓으셨다고 한다. 그리고 이 방에 방선기 목사가 올 거라고 하셔서, 직원들은 과연 그가 누구이기에 하 목사님이 저 정도로 기다리시는지 무척 궁금해했다고 한다.

그렇게 나는 하 목사님의 사랑을 받으며 두란노서원에 몸담게 되었다. 하 목사님은 우리 가족이 한국에 잘 정착할 수 있도록 전

셋집을 얻을 수 있는 자금을 대주셨고 차도 마련해주셨다. 일반 기업으로 치면 임원 같은 대우를 받으며 나는 8년간의 긴 유학생활을 마치고 서울에 연착륙했다.

두란노 사역은 참 좋았다. 1980년대 후반, 두란노가 주최하는 여러 세미나는 한국 교회 성도들을 영적으로 성장시키고 목회자들을 새롭게 하는 데 큰 영향을 끼쳤다. 큐티 세미나, 강해설교 세미나, 신구약 성경공부, 목회자 제자훈련 세미나 등 나는 그 사역들을 주관하는 팀의 리더가 되어 세미나에서 직접 강의도 하고 원고도 썼다. 하는 일마다 신이 났다. 두란노에서 주최하는 세미나마다 적잖은 반향을 불러일으켰고 나는 그 중심에 있었다.

두란노에서 발간하는 〈빛과 소금〉, 〈목회와 신학〉 같은 잡지들에도 관여했다. 편집부장의 책임을 맡아 내 적성에 딱 맞는 문서 사역에 몰두하던 시절이었다. 한마디로 두란노에서의 사역은 내가 잘할 수 있는 일들의 총체였고, 그만큼 즐겁고 신 나게 일했다. 그즈음, 어느 순간부터 내 이름도 교계에 알려져 좀 유명해진 것 같았다. 어느 자리에서든 소개를 하면 사람들은 대개 나를 알고 있었다. 그러는 사이 나도 모르게 나는 교만해져 있었다.

3년 동안 두란노에서 보람과 재미를 동시에 느끼면서 나 스스로도 엄청나게 성장을 경험하며 사역했다. 하지만 1991년, 일은 전혀 생각지 못한 곳에서 터졌다. 두란노서원에 노동조합이 생긴 것이다. 당황스러웠다. 나는 기독교 기관에서 노동조합을 결성한다는 사실을 받아들일 수 없었다. 노동조합이란 조직 자체를 인정할 수는 없었지만, 당시 노동조합에 참여한 직원들이 요구한 것들에는 수용할 만한 일리 있는 내용들이 있었다. 그래서 그들을 대신해 하 목사님에게 그 내용들을 전달하기로 했다. 노동조합이라는 것은 하지 않되, 노조가 주장하는 것을 전달하기만 하면 되니까 나로서는 매우 합리적인 처리라고 생각했다.

지금 생각해보면 그때 나는 좀 순진하게 대응했던 것 같다. 하 목사님으로부터 신임이 두터웠기 때문에 내가 하 목사님에게 노동조합의 뜻을 잘 전달하면 목사님은 그것을 받아들여주시고, 그렇게 되면 직원들은 노동조합을 포기할 것이라고 생각했다. 머릿속으로 그린 그림 안에서 문제해결은 그다지 어려워 보이지 않았다. 그런 구상을 안고 하 목사님이 계신 하와이행 비행기에 몸을 실었다.

하와이에서의 첫날을 지금도 잊을 수가 없다. 나의 예상은 100퍼센트 빗나갔다. 하 목사님을 만났을 때 나는 준비해온 내용들을 하나도 설명할 수 없었다. 아니, 그럴 기회조차 없었다. 목사님은 처음부터 내 말을 들으실 생각이 전혀 없으셨다. 나는 입도 뻥긋하지 못했다. 목사님은 나를 보자마자 즉시 해고를 통보하셨다. 다음날, 혼자서 그 유명한 와이키키 해변을 걸었지만, 나는 아무것도 볼 수가 없고 어떤 것도 생각할 수가 없었다. 요새 말로 '멘붕'이라고 하면 적당할까?

출국 날짜가 며칠 남아 있었지만 하와이에서 할 수 있는 일은
아무것도 없었다. 착잡하고 답답해 미칠 것만 같았다. 책을 읽어도
산책을 해도 모든 것이 무의미했다. 그저 두란노에서 나오는 종이
로 된 모든 문서에서 방선기 이름 석 자를 빼라는 하 목사님의 목
소리만 귀에서 웅웅거렸다. 하와이의 햇살은 더없이 눈부셨지만,
이제 내 인생은 끝났구나 하는 생각에 눈앞이 캄캄했다.

용서하는 것, 용서 구하는 것, 용서받는 것

나도 느끼고 주변 사람들도 전부 알 정도로 나는 하용조 목사님
으로부터 사랑을 참 많이 받았다. 하지만 두란노서원에 노동조합
이 생긴 후 그것을 처리하는 과정에서 하 목사님과 나는 좁혀질
수 없는 입장 차이를 확인하고 말았다. 나는 순수한 마음으로 목
사님에게 의견을 내려고 했지만, 하 목사님에게 내 태도는 배은망
덕한 행동으로 비쳤다. 하 목사님 입장에서는 어떻게 방선기 목사
가 이럴 수 있나 하는 배신감을 느끼셨을 것이고, 나는 그렇게 대
응하실 거라는 예상을 전혀 하지 못했기 때문에 엄청난 당혹감에
빠졌다. 돌이켜보면 하 목사님 아랫사람으로 일하고 있던 내가 노
동조합과 하 목사님 사이에서 중재자 역할을 할 수 있다고 생각했

던 것 자체가 순진한 발상이었다.

그 일로 나는 3년 동안 일하던 두란노서원에서 사임하게 되었고, 두말할 것도 없이 하 목사님과의 관계도 완전히 끊어졌다. 해고와 동시에 두란노서원에서 지원받았던 집도, 차도 모두 반납했다. 그야말로 하루아침에 해고당한 실업자 신세가 된 것이다. 두란노서원을 사직한 후 몇 달 동안 내 인생은 말 그대로 최악이었다. 경제적으로는 말할 것도 없고, 심리적으로나 사회적으로나 인간적인 관계로 볼 때 암흑의 바닥이었다. 내 생애 그런 일은 단 한 번도 없었다. 그 이전에도, 그 후로도 그런 바닥은 처음이자 마지막이었다. 그 낙차는 상상을 뛰어넘는 것이었다. 그때를 생각하면, 고래 배 속에 있던 요나가 떠오른다. 요나의 기분을 짐작하고도 남을 만큼 깜깜한 시간들이었다.

언제나 인정과 칭찬만 받으며 살아온 내가 누군가로부터 거절당했다는 사실이 가장 큰 충격이었다. 하 목사님은 나를 배은망덕한 인간으로 생각하고 심한 배신감을 느끼셨지만, 나는 평생 처음 받아본 거절감 앞에서 속수무책이었다. 그 상황에서 누군가를 향해 분노할 겨를이 없었다. 그저 앞으로 내 인생이 어떻게 될 것인지만 생각했다.

마음을 추스를 길이 없었다. 난생처음 맛보는 거절감과 해고라는 낯선 사실, 그리고 현실적으로 당장 어떤 일을 하면서 살아가야 할지 걱정과 두려움이 엄습해, 인생에서 가장 어두운 골짜기에 들어선 것만 같았다. 누구에게도 그 이야기를 할 수 없었다. 이야기한다 한들 이해받기도 어렵고 뚜렷한 답을 들을 수도 없는 일이었다. 막막함, 그것이 전부였다.

할 수 있는 일이라고는 기도뿐이었다. 기도 외에는 아무런 방법도 없었다. 10일 금식기도를 작정하고 거제도로 내려갔다. 금식기도 이야기는 뒤에서 다시 하겠지만, 그때가 내 인생에서 육신적으로, 정신적으로 가장 약했던 시간이었다. 나는 그곳에서 내가 얼마나 허약한 육신의 존재이며, 아무것도 아닌지를 한없이 절감했다.

얼마 후, 하 목사님에게 사과를 하고 용서를 구해야겠다는 생각이 들었다. 그동안 해고당했다는 충격과 더불어 하 목사님과의 불편해진 관계로 마음속 한구석이 천근만근이었다. 무엇보다 하 목사님과 절연 상태로 계속 지내는 것은 있을 수 없는 일이었다. 그래서 용서를 구하기 위해 목사님을 찾아갔다. 희한한 것은 그 대목의 기억이 분명하지가 않다는 점이다. 아주 이상한 일이지만, 어떤 계기로 용서를 구하러 갔는지 기억이 잘 나지 않는다. 게다가 하 목사님을 만나서 무슨 말을 했으며, 하 목사님이 내 말에 어떻게 반응하셨는지도 전혀 기억이 없다. 선명한 것은 내가 목사님을 찾아가 용서를 구하고 난 후 목사님과의 관계가 다시 회복되었다는 것이다.

그 일이 있은 후, 두란노서원에서 발행하는 잡지에서 다시 원고 청탁이 들어왔고, 두란노 창립 기념행사에 초청을 받기도 했다. 그

자리에서 목사님은 옛날에 수고했던 사람들을 인사시키면서 나를 엄청나게 칭찬하셨다. 그때 하 목사님과 화해하고 관계가 완전히 정상화되었다는 생각이 들었고, 그렇게 된 데에 감사하는 마음만 가득했다. 그 후로 나에 대한 하 목사님의 애정 어린 시선은 계속되었다. 두란노서원 직원들을 위한 강의도 부탁하셨고, 중요한 계획을 세울 때 조언을 해달라고도 하셨다. 그리고 언젠가는 다시 한 번 같이 일하자며 진심으로 말씀하셨다.

그런 하 목사님을 보면서 다시 사랑의 관계로 회복된 것이 정말 감사했다. 한번은 건강이 안 좋아지신 목사님을 찾아뵈면서 꽃나무를 하나 들고 갔다. (생각해보면 나로서는 잘 하지 않는 행동이긴 하다.) 그때 목사님은 아주 기분 좋은 웃음을 지으면서 "방 목사가 이런 것도 할 줄 알아?"라고 농을 하셨다. 그 순간, 나는 목사님이 나를 참 사랑해주셨다는 생각이 들었다.

짐작건대 뉴욕 교회의 목사님도, 하 목사님도 나를 미워하신 것이 아니었다. 다만 내게 배신감을 느끼셨던 것 같다. 그래서 내가 용서를 구하러 찾아갔을 때, 당신들이 가지셨던 배신감이 나의 진정과는 다르다는 것을 확인하셨기 때문에 화해가 가능했던 것이라고 생각한다.

과거를 돌아보면 내가 윗사람들에게 공손하지 못했던 것은 확실하다. 아마 내 생각이 옳다는 확신이 너무 강한 나머지 저지른 실수였던 것 같다. 지금도 그때의 내 생각이 틀렸다고 생각하지는 않지만, 태도만큼은 분명히 잘못되었다. 이 과정을 통해 하나님은 나에게 순종에 대해 많은 것을 가르쳐주셨고, 좋은 관계가 얼마나 중요한 것인지도 깨닫게 하셨다.

조용하고 내성적인 성격 때문에, 옳다고 생각하는 것을 지혜롭게 주장하는 데는 서툴렀다. 그 결과, 그때마다 갈등이 빚어졌고, 옳다는 생각에만 빠져서 성숙하지 못하게 대응했다. 나 스스로 강하다고 생각했지만, 사실 나는 영적으로 약했던 것이다. 다음은 그때 깊이 묵상했으면 좋았을 말씀들이다.

하인으로 있는 여러분, 극히 두려운 마음으로 주인에게 복종하십시오. 선량하고 너그러운 주인에게만 아니라, 까다로운 주인에게도 그리하십시오(벧전 2:18).

그러므로 여러분은 하나님의 능력의 손 아래로 자기를 낮추십시오. 때가 되면, 하나님께서 여러분을 높이실 것입니다. 여러분의 걱정을 모두 하나님께 맡기십시오. 하나님께서는 여러분을 돌보고 계십니다(벧전 5:6-7).

한창 젊을 때는 젊음이라는 혈기와 패기 때문에 윗사람에게 순복하는 일이 어렵다. 나이가 들면 자신의 경륜을 믿고 고개를 숙이는 일이 쉽지 않다. 그러므로 나이와 상관없이 신앙인이라면 윗

사람에게 순복하는 지혜가 필요하다.

앞서 말한 관계의 문제들은 모두 용서를 빌어서 해결되었다. 내가 용서를 청했을 때 다행히 그분들이 모두 받아주셨기 때문에 관계를 회복할 수 있었다. 용서를 구하고 그 청함을 받은 이들의 수용이 있을 때 관계는 회복된다. 지금까지 내가 한 일 중에서 가장 위대한 일로 용서를 구한 이 두 가지 일을 꼽고 싶다.

용서라는 주제를 생각할 때 생각나는 분이 있다. 모교회에서 교회 건축할 때의 일이다. 지금도 그렇지만 교회 건축에 대해 그다지 긍정적이지 않은 나는 당시 교회 건축에 깊숙이 관여하고 있는 건축설계사 친구를 만나 별 생각 없이 교회 건축에 대한 문제를 이야기하게 되었다. 그런데 유감스럽게도 그 친구와 나눈 이야기가 교회 건축을 주도하고 있는 장로님 귀에 들어가게 되었다.

마음이 찜찜해서 모른 척하고 지나갈 수가 없었다. 어찌되었건 나의 말이 그분을 언짢게 만들었기 때문에 따로 만나 용서를 구했다. 그런데 자존심이 엄청 강하셨던 그분은 나의 정중한 사과를 받지 않고 용서하길 거절하시는 것 같았다. 비록 그분은 나를 용서해주지 않으셨지만, 내 딴에는 자존심을 내려놓고 용서를 빌었는데 거부당하는 것 같아서 조금 당황스럽긴 했지만, 이후 내 마음은 홀가분했다. 용서를 빌면 용서를 받든 그렇지 못하든 나 자신은 자유로워지는 것을 경험했다.

앞서 말했던 모교회 목사님에게 용서를 청하고 나오던 순간을 잊을 수가 없다. 그전에는 마음이 불편해서 그분과 마주치는 자리를 애써 피했는데, 용서를 받고 나오는 길에 나는 자연스럽게 그분과 눈을 마주칠 수 있었다. 그러나 나를 용서해주지 않은 장로님은 그 후로도 나와 별로 눈을 마주치지 않았던 것 같다. 정확히 말하면 마주치지 못한 것이다. 거리낌 없는 눈 맞춤은 진정한 화해와 관계 회복의 징표다.

해방감 역시 마찬가지다. 죄를 지었을 때 우리에겐 죄책감이 생기고 그것이 우리를 짓누른다. 사람에게는 용서를 청했을 때 용서해주지 않으면 어쩌나 하는 걱정과 두려움이 앞서지만, 우리 하나님 앞에서는 그렇게 불안해할 필요가 없다. 하나님은 용서해주실 뿐만 아니라 용서를 구하고 회개한 우리를 사랑해주신다. 그러므로 회개하는 것은 중요하며, 회개가 주는 해방감은 표현할 수 없을 정도로 큰 기쁨으로 이어진다.

인간관계에서 용서는 세 가지와 관련이 있다. 용서를 구하는 것, 용서하는 것, 용서를 받는 것. 이 모든 것을 전부 할 수 있어야 한다. 용서를 구할 줄도 알아야 하지만, 용서를 청한 사람을 용서할 수도 있어야 한다. 용서받은 자로서 우리는 용서할 의무가 있지 않은가.

산상수훈에서 예수님은 예물을 드리기 전에 마음에 걸리는 사람이 있으면 그를 찾아가 먼저 용서를 빌고 화해한 다음에 와서 예물을 드리라고 하셨다(마 5:23-24). 이 말씀에서 사람에게 용서를 비는 것이 하나님 앞에 예물을 드리는 일보다 더 우선한다는 것을 알 수 있다.

용서를 구하는 일은 말처럼 그렇게 쉽지 않다. 겉으로 용서를 구하는 척하며 잠깐 흉내를 낼 수 있더라도 진심으로 잘못을 인정하고 용서를 비는 것은 마음먹은 대로 잘 되지 않는다. 일단 자존심이 허락하지 않는다. 자기 나름대로 정당성이 있기 때문에 자신의 힘으로는 할 수 없다.

가만히 돌이켜본다. 나는 어떻게 용서를 구하게 되었을까? 기도하는 동안 하나님이 나에게 능력을 주셨다고 믿는다. 용서를 구할 능력과 용기. 그것은 하나님이 주신 것이었다. 용서를 비는 것은 모든 관계를 회복하게 하는 하나님의 능력 덕분이었다.

용서를 하는 것도, 용서를 구하는 것도 모두 하나님이 주신 능력이 있어야 가능하다. 용서는 하나님을 거쳐야만 할 수 있는 일이며, 또한 하나님을 통해서만 온다. 우리는 이미 하나님으로부터 용서받은 경험이 있다. 하나님이 그 경험을 주심으로써 우리에게 용서를 가르쳐주었다. 예물을 드리러 가기 전에 형제를 용서하고 오라고 말씀하실 정도로 하나님은 용서를 중요하게 생각하셨다. 하나님께 용서를 받은 경험은 우리로 하여금 용서하도록 요구한다. 용서는 누구라도 쉽지 않은 일이다. 쉽지 않기 때문에 우리는 하나님의 능력을 간구하며 그분 앞으로 나아가야 한다.

09

사역의 소명을
발견하기까지

오랫동안 몸담고 있는 사역지 이랜드에서 직원들과

최근에 어떤 일을 해내고 나서 만족감이 있었습니다. 문득 하나님이 그 일에 나를 사
용하신 것에 감사해야겠다고 생각했습니다. 성취감보다 소명감을 가지고 일해야겠
습니다. 일을 성취하고 난 후의 만족감이나 보람은 하나님이 주시는 보너스입니다.

_2012년 8월 17일 트위터 글

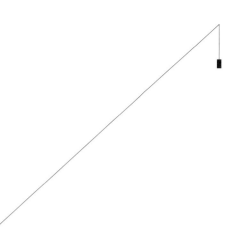

두란노서원에서 보낸 3년 동안 행복했다. 그곳에서 나오게 되었을 때 느꼈던 비통함과 낙담은 인생 최대의 암흑이었다. 내 인생에서 가장 약했던 시절이었다. 직장에서 해고당하는 경험이 내 인생의 한 페이지에 있을 거라고는 상상조차 해본 적이 없었다. 그러나 그 엄청난 일이 내 인생에 벌어진 것이다. 곧장 소개받아 내려간 거제도 기도원에서 나는 난생처음 10일 금식에 들어갔다. 금식이 나에게 여러 깨달음을 주었지만, 인생의 진로에 대해서만큼은 별다른 답을 듣지 못했다. 서울로 올라오는 길이 내려갈 때와 별반 다르지 않아 착잡했다.

차마 직장에서 해고되었다는 말씀을 어머니에게 드릴 수가 없었다. 어머니가 받으실 충격은 내가 받은 충격보다 더 클 것 같았다. 아내에게만 그 사실을 털어놓았다. 해고당한 보통 직장인들이 그렇듯, 나 역시 출근하듯 집을 나와 배회하다가 퇴근한 것처럼 집으로 돌아갔다. 이렇게 시간이 남아돌기는 내 인생 처음이어서 딱히 무엇을 해야 할지 알지 못해 난감했다. 등산을 가기도 하고 공원에 앉아 있기도 했다. 백수의 신분으로 거의 날마다 도서관에 가서 성경을 보고 책을 읽으며 시간을 보냈다.

어느 대학교에 가서 해맑은 학생들의 천진함과 낭만을 몇 시간씩 물끄러미 쳐다보다가 집에 돌아온 적도 있다. 남들이 부러워할 만한 학력과 학위를 가졌으니 대학에 가서 학생들을 가르치면 어떨까 상상해봤다. 실제로 나를 아끼는 교계 어른들의 주선과 도움으로 신학교 교수로 지원하기도 했다. 그런데 학내 교수 한 사람의 반대로 끝내 무산되고 말았다.

아, 일이 이렇게 어그러지는가 싶어 한없는 낙담에 몸도 마음도 무거웠다. 내 나이 서른아홉, 참 좋은 나이였다. 어디에서 무슨 일을 하든, 그 나이면 자기 분야의 전문성이 견고해지면서 착착 꿈을 이루어가는 때였다. 하지만 나는 마흔 목전에서 그렇게 빛도 보이지 않는 인생의 바닥에 있었다.

1991년 3월 두란노를 사임하고 석 달이 지나가던 참이었다. 그때 후배 박성수 회장이 이랜드로 올 것을 제안했다. 당시 이랜드는 고속성장의 가도를 달리고 있는 의류회사였다. 의류회사라…. 거기서 목사인 내가 할 수 있는 일이 있을까? 무슨 일을 하지? 직원들 대상으로 가끔 설교야 할 수 있겠지만, 의류회사에서 내가 풀타임으로 할 만한 일이 있을까? 의문들이 떠올랐지만 일단 이랜드에 입사하기로 했다. 솔직히 아무 대안이 없어서 선택한 것이었다. 박 회장도 딱히 내가 필요한 것은 아니었고, 나 역시 내가 무슨일을 얼마나 할 수 있을지 알 수 없는 상태에서 이랜드에 들어간 것이다. 해고 후 석 달 만에 다시 직장인이 되었다. 그때만 해도 한국 교회에서 직장사역이라는 것을 처음 시작하고, 직장사역이 평생 내가 힘을 쏟게 되는 사역이 될 줄은 짐작도 하지 못했다.

직원들에게 설교도 하고, 직원들과 함께 성경공부도 했다. 회사내 각종 교육과 세미나에서 크리스천 직장인의 삶에 대해 강의했다. 그러면서 직장인을 위한 사역에 관심을 갖게 되었다. 인생의 많은 시간을 보내는 곳이 직장이라는 현장인데도 한국 교회도 목회자들도 직장에 아무 관심이 없다는 것, 그리고 수많은 크리스천 직장인들이 신앙과 현실 사이에서 곤고함과 무력감을 느끼고 있다는 것을 깨닫게 되었다. 그래서 직장사역연구소를 시작하고 잡지 〈일하는 제자들〉을 발행했다. 본격적으로 직장사역을 내 사역으로 생각하고 뛰어든 것이다.

직장사역은 이랜드뿐만 아니라 다양한 분야에 몸담고 있는 크리스천 직장인들에게로 뻗어나갔다. 직장사역의 동반자가 된 여러 목사들이 이랜드에 들어와 각 브랜드를 담당하며 직원들을 도왔다. 격려와 지혜를 주는 잡지와 단행본도 발행했다. 다른 크리스천 기업에서도 직장사역에 대한 관심을 보이며 강의를 요청했다.

1992년 직장사역연구소를 시작했고, 7년 후인 1999년에는 안양신학교에서 직장사역이란 강의가 개설되기도 했다.

이전에도 직장사역에 대한 관심은 있었지만, 직장사역을 하겠다는 의도가 있거나 계획을 세운 적은 없었다. 그런데 나도 모르는 사이에 직장사역을 하게 된 것이다. 온전히 하나님의 은혜로 가능한 일이었다. 철저하게 무력해졌을 때 그 은혜가 내게 나타났다. 사역에서도 나의 약함을 덮은 것은 하나님의 은혜였다. 내가 약해질수록 하나님의 능력은 강해졌다. 그 절묘함을 설명할 길이 없다. 은혜는 이렇게 말로 다 할 수 없는 감사를 낳는다.

나의 약함을 덮은
하나님의 은혜

두란노에서 해고를 당하는 아픔이 없었다면, 직장사역을 발견할 기회는 없었을 것이다. 두란노를 떠났기 때문에 직장사역을 시작할 수 있었다. 박성수 회장의 초청이 있었고, 이랜드라는 기업 안에서 직장인을 상대로 목회하는 직장사역이 가능했다. 한국 교회에 직장사역을 소개하는 일을 감당할 수 있어서 감사하고, 문서사역과 세미나, 교육, 목회 등 내가 잘하는 일들을 마음껏 할 수 있어서 좋았다.

돌이켜보면 직장사역을 하기 이전의 시간들은 마치 직장사역을 하기 위한 준비기간처럼 여겨진다. 첫 직장이었던 국방과학연구소에서 보낸 6년은 직장생활에서 누구나 겪는 인간관계, 상사와의 문제, 신앙생활, 술자리의 어려움, 승진과 성과의 압박, 적성과 진로 등을 고민하는 직장인의 삶을 충분히 이해할 만한 시간이었다.

무엇보다 유학생활 당시 경제적으로 어려워서 고된 노동을 해야 했는데, 그때는 그저 경제적인 이유에서 필요한 것이라고 생각했으나, 그것은 노동과 직장인을 이해하는 데 매우 가치 있는 밑거름이 되었다. 한밤중에 하는 건물 청소, 식당에서 서빙하는 일, 힘에 부치는 세탁소 노동 등 아마 그 시간이 없었다면 나는 직장인들 앞에서 노동의 '노' 자도 꺼낼 수 없었을 것이다. 가난한 유학생이었기에 피할 수 없었던 육체노동, 수면부족, 인간적인 모멸감, 얇은 지갑의 불안감 등은 그저 약함으로 끝나지 않고 직장사역에 꼭 필요한 경험이 되었다. 그리고 하루아침에 직장에서 해고된 직장인의 아픔을 나는 누구보다 잘 이해할 수 있었다.

직장인들의 애환에 공감하고 크리스천 직장인이 직장이라는 현장에서 어떻게 신앙인으로서 살아가야 하는지 구체적인 도움을 주는 직장사역은 점점 범위도 넓어지고 깊이도 더해졌다. 하지만 직장사역에 도움을 줄 거라고 생각했던 잡지와 출판 사업은 점점 부담으로 다가왔다. 어쨌든 사업인 이상 일정한 수익을 내야 하는데, 결국 경영이 어려워져서 하나씩 문을 닫게 되었다. 의미 있는 일이었지만 내 능력으로는 역부족이었다. 경제적인 부담이 상당했기에 사실 해방감도 느꼈다. 그러나 한편으로는 재정적인 이유로 꼭 필요한 의미 있는 문서사역을 접을 수밖에 없다는 사실이 못내 섭섭했다.

이랜드에서는 나 역시 사목으로 일하며 젊은 사목들을 가르치는 일을 하고 있었다. 우리의 동역으로 직장사역의 지경이 넓어지고 거기서 자라난 열매들을 보고 들으며 보람을 느끼던 시절이었다. 그런데 언제부터인가 사역에 한계를 느끼기 시작했다. 결국 그 사역을 다른 목사가 맡게 되었고, 나는 한발 뒤로 물러났다. 나름대로 잘하고 있다고 생각했지만 나의 부족함이 드러났기 때문에 그것을 받아들일 수밖에 없었다. 갑자기 무력감이 엄습했다. 사역의 폭이 크게 줄어들면서 스스로 위축되어 오래 수고한 뒤 빈손만 남은 느낌이랄까. 과연 무슨 일을 잘할 수 있을까 깊은 회의가 찾아왔다. 다시 한 번 나의 약함이 드러나기 시작했다.

무슨 사역을 해야 할까 고민이 깊어질 무렵 합동신학대학원대학교의 문이 열렸다. 이전에도 거기서 와달라는 청을 몇 번 받았지만, 교수직에 별 관심이 없어서 나는 정중하게 사양하곤 했다. 하지만 이번에는 달랐다. 그동안 했던 직장사역을 신학교에서 교수가 되어서 신학생들에게 가르치는 쪽으로 마음이 움직였다. 이랜드 사역에서 한계를 느끼게 되자 신학교에서 학생들을 가르치는 일에 마음이 움직였다. 다행히 합동신학대학원대학교는 나를 받아주었고, 나는 생애 처음으로 교수가 되었다. 전에도 시간강사로 몇몇 학교에서 강의를 맡긴 했지만 정식으로 교수가 된 것은 이곳이 처음이었다.

박사 공부를 하면서도 신학교 교수가 된다는 생각은 하지 않았다. 그래서 학위를 받고 한국에 돌아올 때도 교수 자리를 알아보는 것은 꿈도 꾸지 않았다. 학문적으로 누군가를 가르치는 일에 자신이 없었다. 그런데 교수가 되다니. 이랜드 사역을 통해서 가르치신 하나님은 나를 새로운 사역으로 인도하셨다. 그런 기회는 내가 얻어낸 것이 아니라 하나님이 주신 것이기에 하나님의 은혜라고 고백할 수밖에 없다.

학교에서 다양한 과목을 가르치면서 보람을 느꼈다. 적어도 내가 강의하는 과목을 듣는 학생들이 새로운 것을 보고 새로운 사역을 준비하는 데 부족함이 없도록 신경을 많이 썼다. 이렇게 가르치는 자가 누리는 축복을 내가 받을 것이라고는 한 번도 생각해보지 못했다. 하나님은 내가 한계를 깨닫고 인정했을 때 나를 축복하셨다. 신학교 교수라는 자리는 일정한 학위를 가진 사람이라면 누구나 원한다. 나는 그 자리에 가는 것을 크게 원하지 않았지만 하나님의 인도로 교수가 되었다. 지금은 교수로서 학생들에게 선한 영향을 끼침으로써 하나님이 주신 축복의 기회를 더 소중하게 사용하겠다고 매일 마음을 먹는다.

조금씩 소명을
발견하는 삶

1986년 대한예수교장로회 총회 뉴욕 노회에서 목사 안수를 받았다. 서른네 살 때였다. 모태신앙인 나는 어려서부터 성도교회에서 자랐다. 대학부를 만드는 데 중추적인 역할을 하기도 한 나는 교회로부터 장학금을 받으며 미국에서 공부하는 데 많은 도움을 받았다. 내 인생에서 '교회' 하면 모교회인 성도교회 하나밖에 없었다. 그것은 나에게 당연하고도 자연스러운 일이었다. 어쩌면 내 교회 인생의 8할은 성도교회에서 이루어졌다고 해도 과언이 아니다. 그래서 미국에서 공부를 마치고 돌아왔을 때 교회사역은 고민할 필요도 없이 성도교회에서 시작했다. 두란노서원에서 일했지만 성도교회 대학부와 청년부를 맡아 기꺼운 마음으로 감당했다.

그러던 중에 새로 부임하신 목사님이 나를 좀 부담스러워하시는 것 같았다. 그분은 그동안 내가 줄곧 맡아오던 청년부 사역에서 손을 떼게 하고 장년 성경공부만 맡기셨다. 물론 경제적 배려는 잘 해주셨지만 지금까지 해왔던 사역을 더 이상 하지 못하게 되어서 솔직히 많이 서운했다. 성도교회는 내게 끝까지 함께할 운명공동체 같은 곳이었는데, 어쩌다 보니 내가 교회에 부담을 주는 존재가 되어 있었다. 결국 내 위치나 입장이 너무 애매해졌다. 그렇다고 다른 교회로 옮길 수도 없는 상황이라, 어려운 결단이 필요했다. 섭섭하기도 하고 불쾌하기도 했지만, 성도교회 사역은 잘 마무리하고 싶었다.

때마침 이랜드 계열사인 켄싱턴 호텔에서 사역할 목회자가 필요했다. 교회에 사임 의사를 밝힐 만한 적절한 명분이었다. 결국 설악산에 있는 켄싱턴 호텔의 목회를 이유로 나는 13년 동안 섬겼던 성도교회를 2000년에 사임했다. 13년이라고 하지만, 오십 평생 자라고 섬겨왔던 내 인생의 유일한 교회를 떠나게 되었다. 마음이 한없이 착잡했다.

성도교회를 떠나 다른 교회에 간다는 것은 생각해본 일이 없었고, 교회를 개척하는 일은 꿈에서도 상상한 적이 없었다. 왜냐하면 신학을 공부하면서도 목회는 내 일이 아니라 여겼기 때문이다. 목회에 필요한 은사가 나에게는 전혀 없다는 것을 너무나 잘 알고 있었다. 교회에서 회의를 인도하거나 필요한 프로젝트를 주장할 자신이 없었다. 예배당 건축 같은 일은 내 성격상 감당할 만한 일이 아니었다.

그 무렵 로버트 뱅크스의 책 《교회, 또 하나의 가족》이란 책을 통해서 가정 교회에 대해서 알게 되었다. 관심을 갖게 되면서 관련된 많은 책들을 읽었다. 책만 읽은 것이 아니라 실제로 가정 교회를 경험하기 위해서 미국에서 하는 컨퍼런스도 가보고 호주에 있는 가정 교회에도 가보았다.

그러면서 가정 교회에 대한 확신을 갖게 되었다. 내가 목회를 어렵게 생각했던 이유는 교회건물을 짓는다든가, 다양한 행사를 주관한다든가, 특히 여러 가지 회의를 주재하는 것을 힘들게 생각했기 때문이었다. 그런데 가정 교회는 적어도 내가 단독 목회를 한다고 가정했을 때 걱정되는 문제들을 전혀 고민할 필요가 없는 교회였다. 그저 교회의 본질인 예배와 교제, 성경공부와 전도에만 충실하면 됐다. 나처럼 목회에 은사가 없는 사람도 얼마든지 잘할 수 있는 교회가 바로 가정 교회라는 생각이 들었다. 그래서 2001년 가정 교회를 시작했다. 이것은 미국 휴스턴에 있는 휴스턴 서울침례교회의 최영기 목사님이 하시는 '가정 교회'와는 다른 것이다. 그 가정 교회는 기존 교회 안에서 구역을 가정 교회로 만든 것인데 비해 원래 가정 교회는 한 가정에서의 모임이 교회가 되는 아주 작은 교회를 말한다.

시간이 조금 지난 후에는 가정 교회를 너무 쉽게 생각한 것은 아니었나 하는 반성을 하긴 했다. 시간이 갈수록 목회하는 데 역부족이라는 자괴감이 들었다. 아마 목회자라면 누구나 하나님 앞에서 부족하다고 느끼는 순간이 있을 테지만, 나는 그 정도가 좀 심한 편이었다. 그와 같은 나의 약함에도 불구하고 한국 교회에 가정 교회를 소개할 수 있었다는 점에서 다시 하나님께 감사드린다.

목회에 은사도 없고 단독 목회를 생각해본 적도 없는 데다가 성도교회에서 평생을 보낼 것이라고 생각하던 내가 가정 교회를 시작했다. 할 수 없는 일을 하게 하시는 하나님의 은혜가 있었기에 가능한 일이었다. 돌이켜보면 서른넷에 처음 목사가 되었을 때나 서른여섯에 공부를 마치고 미국에서 돌아왔을 때도, 직장사역을 하거나 신학교 교수가 되거나 단독 목회를 하는 내 모습을 그려본 적이 없다. 그러나 지천명의 나이를 지났을 때 내가 인생의 여울을 지날 때마다 하나님이 은혜로 나를 덮어주셨음을 비로소 알게 되었다. 나의 약함 속에서 강하게 역사하시는 하나님의 은혜로 채워진 인생. 그렇게 나는 약함이 있었기에 소명을 발견하며 걸어올 수 있었다.

10

사람과
교회 사이

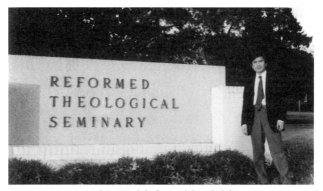

4년을 공부했던 리폼드 신학교 앞에서

헌신은 중요합니다. 그러나 누구에게 헌신하느냐가 더 중요합니다. 크리스천은 하나
님께 헌신해야 합니다. 어느 교회나 단체 혹은 개인에게 헌신하는 것은 위험할 수 있
습니다. 하나님은 우리의 인생을 책임져주시지만 사람은 그렇지 못하기 때문입니다.
_2012년 7월 25일 트위터 글

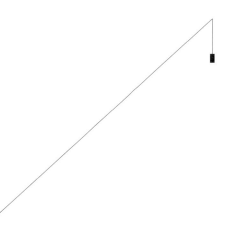

　　　　　　　부모님은 남대문시장에서 장사를
하셨다. 우리 형제를 키운 8할은 가정부와 할아버지였다. 부모님
은 장사하시느라 우리를 돌봐줄 틈이 없었다. 그렇다고 부모님이
자녀들 교육을 소홀히 하신 것은 아니었다. 주일에는 어머니 앞에
서 일주일 동안 지낸 이야기를 소상히 나누었기 때문에 나는 충분
히 어머니의 사랑과 배려 안에서 자랐다고 느꼈다.

　하지만 학교생활로 들어가면 이야기는 좀 달라진다. 초등학교
소풍 때 단 한 번도 어머니가 따라오지 않으셨다는 사실에 나는
섭섭함을 느꼈다. 그때는 섭섭함보다는 엄마가 옆에 없다는 사실
이 그저 부끄러웠을 뿐이다. 다른 아이들처럼 엄마가 소풍에 따라
왔으면 좋겠다는 생각을 수백 번 했지만 그 소원은 끝내 이루어지
지 않았다. 어머니가 내 문제로 학교에 찾아와 선생님과 대화한

적도 없었다. 엄마가 자주 학교에 찾아오는 아이들을 보면서 나는 외톨이가 된 기분이었다.

내가 다닌 중학교가 소위 대한민국 명문이라는 경기중학교여서 그랬는지 친구들의 가정환경은 초등학교 때와 비교할 수 없을 정도로 월등히 좋았다. 부모님이 남대문시장에서 장사를 하신다는 사실은 결코 자랑스러운 일이 아니었다. 초등학교 때 나는 공부 잘하는 것 하나로 그나마 어깨를 펼 수 있었는데, 중고등학교 시절에는 성적이 탁월한 편도 아니어서 자신감 없는 아이로 조용히 지냈다.

그에 반해 교회는 나를 위한 무대였다. 좋은 학교에 다니는 아이가 교회에서도 열심이니까, 교회 어른들 사이에서 나는 주목받기 시작했다. 사람은 당연히 스포트라이트를 받는 쪽에서 기세등등하기 마련. 나에게는 언제나 교회생활이 1순위였다. 충실하지 못한 학교생활은 대학까지 이어졌다.

그런 내 모습을 돌아보면 세상에 대해 적극적인 신앙을 가지고 살지 못했다고 요약할 수 있다. 세상 앞에서 자신감이 없어 교회 안으로 움츠러들었던 것이다. 겉으로는 신앙생활을 열심히 한 것처럼 보이지만, 정확하게 말하면 세상에서 교회로 도피해 있었다. 세상과 맞짱 떠서 세상을 이기고 교회로 돌아온 것이 아니라, 세상이 두려워 교회 뒤에 숨은 것이다. 나는 신앙인으로 세상에서 적극적으로 살지 못했다. 그러다 보니 학교 친구들이 많지 않았다.

그나마 가깝게 지내던 친구들마저 상급학교로 진학하면서 헤어지게 되자, 나는 교회 친구들과만 교류하고 지냈다.

직장에 들어간 다음에는 하나님이 교회 밖의 사람들과 같이 지낼 수 있도록 훈련시켜주셔서 다행히 원만하게 관계를 유지했다. 술자리를 제외하고는 그런대로 잘 어울리며 적응했고 몇몇 사람들과는 지금도 교류하며 만남을 이어가고 있다. 안 믿는 사람들과 함께 어울리는 유일한 모임이 대학 동창 모임인데, 거기서는 아직까지도 어색한 편이다.

시간이 지날수록 점점 교회 다니지 않는 사람들과 만나는 일이 불편해졌다. 할 이야기도 없거니와 뭘 어떻게 해야 할지 난감해서 어색하기만 했다. 어느 순간부터는 교회 안 다니는 사람들과 만나는 일에 별 신경을 안 썼더니, 만날 일도 자연스럽게 없어졌다. 게다가 신학교에 들어가 공부하고 목사가 된 후로는 더 심해졌다. 내 주변에는 죄다 예수 믿는 사람들만 있었고, 교회 안 다니는 사람과 만날 기회는 점점 희귀해졌다. 예수를 전혀 모르는 사람과 만나는 일이 내게는 하늘의 별따기만큼이나 어려운 일이 된 것이다. 노방전도를 하지 않는 이상, 아예 기회 자체가 없는 셈이다. 이상하게 들릴지 모르겠지만 믿지 않는 사람들과 만날 기회가 없다는 것, 그것은 나의 약함 중에 하나다.

그런 현실에서 내가 선택한 최선의 방법으로 요즘 관심을 갖고 있는 일은 교회를 떠난 사람들에게 좋은 목사로 다가가는 것이다.

어떤 이유로든 교회를 나간 사람들에게 부담을 주지 않으면서 삶을 나누려 한다. 교회에 대한 상처가 남아 있는 그들이 싫어하는 이야기는 가급적 하지 않으려고 하는데, 다른 이야기를 하다 보면 그들이 먼저 교회에 대한 말을 꺼내는 경우가 자주 있다. 그만큼 목사인 나에 대해 경계심이 사라지고 부담을 갖지 않고 있다는 방증으로 여기고 감사한다.

언제인지 확실히 기억나진 않지만, 꾸준히 만나 교제하던 어느 분의 어머니를 뵙게 되었다.

"목사님, 우리 아들이 유일하게 인정하는 목사가 방 목사님이랍니다."

그 말을 듣고 기분이 좋았다. 그를 사역의 대상으로 생각해서 만나는 것이 아니라, 그냥 사람 대 사람으로 만나고 있다는 것을 인정받았다는 생각이 든다.

또 교회에 대한 반감을 가진 일단의 사람들을 그룹으로 만나는 경우도 있는데, 모임을 마치고 기도할 때는 항상 이렇게 기도한다. "우리는 종교가 아니라 사랑으로 만나고 있습니다. 사랑 안에서 하나가 되게 해주시옵소서." 이 기도를 못마땅하게 여기는 사람은 없다. 그들 역시 내가 전도를 하기 위해 자신들을 만나는 것이 아니라는 것을 잘 알고 있기 때문이다.

게토 멘탈리티를
버려라

아주 일찍부터 내 삶의 대부분은 교회를 중심으로 돌아갔다. 내 성적인 성격과 생활하는 행동반경이 교회를 중심으로 좁혀져 세상에 대해서는 소극적인 자세로 살았다. 하지만 성경을 공부하고 이른바 기독교 세계관을 알게 되면서 이렇게 살아서는 안 된다는 것을 깨달았다. 유감스러운 일이지만, 깨달았다고 해서 내성적인 성격이 하루아침에 변해 세상에 나가 적극적으로 개입하는 것은 아니다. 다만 세상을 향한 나의 자세를 바꾸게 된 것을 하나님께 감사드렸고, 하나님은 나에게 세상을 그리스도인의 시각에서 바라보고 고민하고 발언할 기회들을 갖게 하셨다.

세상에 휩쓸리지 않으려고 교회 안에서만 사는 것은 결코 주님이 원하시는 삶이 아니다. 여기서 크리스천들이 주의해야 할 한 가지가 있다. 소위 믿음이 좋다는 소리를 듣는 사람들, 특히 복음주의 교회에서 독실하다는 평가를 듣는 이들이라면 귀담아들어야 한다. 나 역시 그런 사람 중 하나였기 때문에 더욱 경계해온 일이기도 하다.

대한민국에서 전통적으로 보수를 지향하는 교회는 세상과 타협하지 않기 위해 세상과 분리되어 자신들만의 세계를 구축하고 그 안에서만 살아가려고 애쓴다. 그것은 이른바 종교적인 게토(ghetto)와 같다. 신앙적인 확신이 있어서 그렇다고 말하지만 그들은 자신들도 모르는 사이에 자의적으로 외부세계와 단절을 추구하는 게토 멘탈리티(ghetto mentality)가 형성된 경우가 많다.

게토는 무엇이고 게토 멘탈리티는 무엇인가? 역사적 발원을 보면 유럽에서 반유대 정서가 팽배했을 때 국가는 유대인들을 제한된 지역에서만 살도록 지정했고, 그렇게 격리된 유대인들이 살던 지역을 게토라고 불렀다. 지금은 그 의미를 살려 비유적으로 소수인종이나 소수민족, 소수의 종교단체들이 외부와 단절된 채 사는 곳을 말할 때도 게토라는 말을 사용한다. 미국의 흑인들이 모여 사는 곳, 유럽의 무슬림들이 사는 곳을 경멸의 의미를 담아 게토라고 부르기도 한다.

그런데 일부 기독교인의 삶을 보면 스스로 종교적인 게토를 만들어 외부세계와 담을 쌓고 그 안에서만 살려고 하는 경향이 있다. 신앙을 지킨다는 명목을 앞세우고 있지만 그들은 어느새 안으로만 뭉치고 바깥세상에 대해서는 눈감는 게토 멘탈리티에 빠져 있다.

게토 멘탈리티를 갖게 되는 이유는 그렇게 해야 신앙공동체를 지킬 수 있다고 생각하기 때문이다. 예를 들면, 미국에 있는 아미시(Amish) 공동체는 게토 멘탈리티를 가지고 자기들의 신앙과 전통을 지키며 살고 있다. 게토 멘탈리티는 외부의 영향을 받아 신앙을 타협하게 되는 것을 원천적으로 봉쇄한다. 그래서 대부분의 이단이나 일부 극단적인 교회는 구성원들이 게토 멘탈리티를 갖도록 적극적으로 유도한다. 함께하는 공동체가 이런 정신을 공유하면 강력한 힘을 발휘하게 된다. 이들이 발휘하는 힘은 성령의 역사가 아니라 바로 이런 게토 멘탈리티의 파워인 경우가 많다.

교회가 신앙공동체로 유지되기 위해서는 성령의 역사가 반드시 필요하다. 그런데 교회가 성령의 힘에 의지하지 않고 게토 멘탈리티에 의지해 공동체를 유지하려고 한다면 그 교회는 소수종교의 공동체로 퇴화하고 만다.

흔히 게토 멘탈리티로 무장하면, 즉 자신들만의 사상과 의지로 단합되어 있으면 최소한 세속화는 막을 수 있을 것이라고 생각한다. 그러나 현실은 오히려 그 반대다. 세상과 단절한 상태로 지내면 교회에 세속의 외형적인 형태가 들어오는 것은 막을 수 있으나, 성령의 인도를 받지 않으면 교회에 세속적인 가치관이 들어오는 것을 막을 방법이 없다. 성령 충만하지 않으면 세속적인 가치관은 얼마든지 교회 안으로, 크리스천의 삶 속으로 스며들 수 있다. 극단적으로 보수적인 교회에서도 세속적인 부패현상이 나타나는 것은 바로 이런 이유 때문이다.

오늘의 전통적인 교회들을 보면 은연중에 게토 멘탈리티에 빠져 있다는 것을 느낀다. 그들은 세상에 대해 부정적인 자세를 가지면서 세상 돌아가는 일에 완전히 무관심하다. 교회라는 이름으로 죄악으로 물든 세상에서 성도들을 보호하는 일종의 게토가 된 것이다. 그래서 복음을 전하는 일도 세상에 있는 사람들을 구해내 교회로 데리고 와서 함께 게토 생활을 하는 것으로 이해한다. 문제는 이것이 비성경적인 자세라는 것이다.

성경은 교회가 세상 속에 있어야 한다고 가르친다. 크리스천이 경건하게 살아야 한다는 이유로 세상의 죄인들과 접촉을 하지 않는다면 그것은 하나님이 원하는 바가 아니다(고전 5:10). 크리스천은 세상 밖으로 나가야 한다. 세상 속에 살면서 세상과 교류하되 세상에 선한 영향력을 미쳐야 한다. 주님이 우리에게 세상의 빛과 소금이 되라고 한 것은 바로 그러한 연유에서다. 게토 멘탈리티를 가지고는 세상의 빛과 소금이 될 수가 없으며 진정한 의미의 전도도 할 수 없다. 한국 교회가 성경적인 교회상을 회복해 세상에 영향을 미치기 위해서는 이런 게토 멘탈리티를 버려야 한다.

기독교 신앙을 가진 사람들끼리 있으면 편하다. 관심사가 비슷하고, 어떤 고민이나 문제가 생기면 신앙 안에서 해결하려고 한다. 동일한 주제 아래 모인 어느 조직이나 그렇겠지만, 교회는 신앙이라는 강력한 동기로 뭉쳐 있기 때문에 언제든 게토가 될 수 있고, 게토 멘탈리티가 형성될 수밖에 없다. 우리 안에 있는 게토 멘탈리티는 무엇인지 돌아보자. 그것을 발견하고 인식했다면 떨쳐버려야 한다. 이유야 어떻든 교회가 게토 멘탈리티를 가지는 것은 성령의 역사를 무시하는 것이다. 개인이나 교회가 신앙을 지키기 위해서는 자기들만의 의식으로 똘똘 뭉친 게토 멘탈리티를 의지하기보다는 이 말씀 아래 복종해야 한다. "사랑하는 여러분, 여러분은 가장 거룩한 여러분의 믿음을 터로 삼아서 자기를 건축하고, 성령으로 기도하십시오. 하나님의 사랑 안에 머무르면서 자기를 지키고, 영생으로 인도하는 우리 주 예수 그리스도의 자비를 기다리십시오"(유 1:20-21).

균형 잡힌 삶을
사는 것

많은 크리스천들처럼 나 역시 예수 믿는 사람들과 같이 지내는 것이 편하다. 예수를 믿지 않는 사람을 만날 기회가 거의 없을 정도로 내 주변에 있는 사람들은 모두 예수 믿는 사람들이다. 나도 모르는 사이에, 어느새 그것은 나의 약함이 되었다. 하지만 이 사실이 나로 하여금 경계하도록 만든다. 예수님은 제자들을 내보내면서 이렇게 말씀하셨다. "내가 너희를 내보내는 것이, 마치 양을 이리 떼 가운데로 보내는 것과 같다"(마 10:16).

그것이 얼마나 맞는 말씀인지 세상을 살면서 수없이 확인한다. 크리스천이 이 세상에 사는 것은 양으로서 이리 가운데 사는 것과 같다. 그래서 이 세상에서 살기가 어렵고 적응하는 것이 힘들다. 때로는 도피하고 때로는 타협하는 것도 그 때문이다.

그래서 예수님은 아주 중요한 전략을 가르쳐주셨다. "너희는 뱀과 같이 슬기롭고, 비둘기와 같이 순진해져라"(마 10:16). 크리스천이라면 뱀의 지혜와 비둘기의 순전함을 모두 갖추어야 한다. 그 둘의 균형은 세상에서 살아가는 데 요긴한 갑옷이다.

바울이 고린도교회 성도들에게 권면한 말씀 가운데 모순되는 것처럼 보이는 말씀이 있다. "그 말은, 이 세상에 음행하는 사람들이나, 탐욕을 부리는 사람들이나, 약탈하는 사람들이나, 우상을 숭배하는 사람들과, 전혀 사귀지 말라는 뜻이 아닙니다. 그러려면, 여러분은 이 세상 밖으로 나가야 할 것입니다"(고전 5:10). 바울은 세상의 죄악에 물든 사람들과 살지 않으려면 세상 밖으로 나가 사는 것 외에 방법이 없다고 말한다. 세상 밖으로 나가 외따로 산다는 것은 불가능한 일이며 하나님이 원하시는 일도 아니다.

반면에 바울은 이렇게 말하기도 했다. "믿지 않는 사람들과 멍에를 함께 메지 마십시오. 정의와 불의가 어떻게 짝하며, 빛과 어둠이 어떻게 사귈 수 있겠습니까? 그리스도와 벨리알이 어떻게 화합하며, 믿는 자가 믿지 않는 자와 더불어 함께 차지할 몫이 무엇이며, 하나님의 성전과 우상이 어떻게 일치하겠습니까? 우리는 살아 계신 하나님의 성전입니다. 그것은 하나님께서 말씀하신 바와 같습니다. '내가 그들 가운데서 살며, 그들 가운데로 다닐 것이다. 나는 그들의 하나님이 되고, 그들은 내 백성이 될 것이다. 그러므로 너희는 그들 가운데서 나오너라. 그들과 떨어져라. 부정한 것을 만지지 말아라. 나 주가 말한다. 그리하면 내가 너희를 영접할 것이다'"(고후 6:14-17).

바울의 말을 곱씹어보면서 우리가 취해야 할 자세가 무엇인지 생각해본다. 그것은 균형이다. 우리는 세상 밖으로 나가 살아서는 안 되지만, 죄악된 삶을 사는 사람들과 완전히 단절한 채 살아갈 수도 없다. 다만, 그들과 어울리더라도 그들의 가치관에 물들지 않고 구별된 삶을 살도록 치열하게 노력해야 한다. 뱀의 지혜와 비둘기의 순전함을 입고 균형 잡힌 삶을 살아가는 것, 그것이 주님이 원하시는 거룩한 삶이다.

11

신앙훈련,
잘하면서도 잘 못하는 것

운동은 잘 못하지만 축구 경기에 참여해 뛰었던 날

진정한 다이어트는 특별한 이벤트로 하는 것이 아니라 일상의 라이프스타일이 되어야 합니다. 경건훈련도 특별한 이벤트가 아니라 일상의 라이프스타일이 되어야 합니다. _2011년 9월 30일 트위터 글

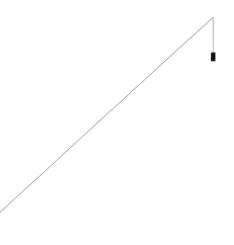

학교에서나 교회에서나 무언가를 배우는 데는 특별히 모자람이 없었다. 착실함과 성실함이 나의 특기라면 특기인 셈이다. 그런데 무엇인가를 정식으로 훈련받을 때는 의외로 많이 힘들었다. 내가 체계적으로 훈련을 받았다고 기억하는 것은 대학교 1학년 때 네비게이토라는 선교단체에서의 훈련이다. 네비게이토와의 인연은 짧고도 굵었다.

1학년이던 어느 날, 친구 이경준과 함께 공부를 마치고 학교를 나서던 길이었다. 그때 외판원처럼 보이는 두 사람이 우리에게 다가왔다. 당시엔 대학 캠퍼스 한쪽 구석에 책상을 갖다놓고 각종 전집류를 파는 외판원들이 있었다. 그들은 세계문학, 한국문학, 대하소설, 철학서 등 다양한 전집류를 팔았고, 대학생들 중에는 대학생이라는 지식인 티를 내느라 그 비싼 전집을 구입하는 이들도 있었다. 외판원들이 지나가는 학생을 붙잡고 책 내용을 설명하는 모습은 캠퍼스 안에서 흔히 볼 수 있는 풍경이었다. 우리를 향해 다가오는 두 남자를 보면서 나는 그들이 외판원일 것이라고 지레짐작했다.

그런데 이야기를 들어보니 그들은 외판원이 아니라 우리에게 복음을 전하고 있었다. 나는 신앙이 있었지만 친구 경준이는 신앙이 없었기 때문에 옳다구나 하고 그들의 접근을 반색했다. 한 사람은 나를, 다른 한 사람은 경준이를 데리고 각각 빈 강의실로 들어갔다.

모태신앙으로 오랫동안 교회생활을 했던 나는 일대일로 전하는 복음을 들은 것은 그때가 처음이었다. 그때 나는 두 가지 사실로 깜짝 놀랐다. 이미 믿고 있는 복음을 이렇게 짧은 시간에 전한다는 것, 그리고 나는 이런 식으로 한 번도 복음을 전해본 일이 없다는 사실이었다. 정말 매력적으로 보였다. 그래서 그분에게 나도 그렇게 할 수 있게 해달라고 부탁했다.

누구보다 착실하게 교회생활을 하면서 신앙도 좋고 성경도 많이 알고 있다고 자부했는데, 그날 누군가로부터 복음을 들음으로써 이전까지 전혀 몰랐던 신세계를 접한 기분이 들어 얼른 그 기똥찬 방법을 배우고 싶었다. 그 후로 나는 그분을 매일 만나며 제자훈련을 받았다. 제자가 되는 공부는 그럭저럭 잘했는데, 문제는 훈련이었다. 그 훈련이라는 것이 나는 좀 힘들었다. 아이러니컬한 일이었지만 사실이 그랬다.

배우는 내용은 별로 어렵지 않았다. 가장 인상적인 것은 훈련하면서 배운 경건의 시간(QT)이었다. 그동안은 설교를 듣고 성경을 읽는 것으로 끝이었지만, 경건의 일기는 내가 하나님의 말씀을 묵상하고 거기서 깨달은 바를 기록하고 적용하는 훈련이었다. 경건의 훈련은 두말할 필요도 없이 매우 중요하다. 사도 바울이 디모데에게 한 말을 읽어보라. "저속하고 헛된 꾸며낸 이야기들을 물리치십시오. 경건함에 이르도록 몸을 훈련하십시오. 몸의 훈련은 약간의 유익이 있으나, 경건 훈련은 모든 면에 유익하니, 이 세상과 장차 올 세상의 생명을 약속해줍니다"(딤전 4:7-8).

이 말씀대로 경건의 시간은 나와 아주 잘 맞았다. 그때 배운 경건의 훈련은 내 평생 가장 좋은 습관이 되었다. 경건의 시간은 지금도 매일 아침에 갖는 소중한 시간이다.

힘들었던 훈련은 성경 암송이었다. 외우는 것은 내가 공부하는 스타일과는 완전히 거리가 멀었다. 원리를 이해하고 풀어내는 수학 같은 과목을 좋아한 반면, 암기는 워낙 싫어해서 암기과목 성적은 우수한 편이 아니었다. 그런데 나를 훈련시키는 분은 만날 때마다 성경암송 숙제를 점검했다. 아주 고역이었다. 특히 한 글자도 틀리지 않도록 철두철미하게 암송을 시키는 점은 이해할 수가 없었다. 어차피 원어에서 번역된 본문인데, 한 글자도 틀리지 않게 외운다는 것이 무의미한 일처럼 보였다. 원래 싫어하는 데다가 마

음으로 동의가 되지 않으니 결과가 좋을 리 없었다. 내 암송 수준
은 언제나 다른 친구들보다 한 수 아래였다. 심지어 암송이 부족
하다는 이유로 구박을 받기도 했다.

그래도 그때 한 글자도 틀리지 않게 외우는 훈련한 덕분에 꽤
많은 성경구절을 암송하게 되었다. 지금도 그때 외운 성경구절들
이 입에서 술술 나온다. 너무 싫었지만 좋은 일이라고 해서 억지
로 한 일이 유익한 결과를 내는 것이 훈련의 힘인가 보다. 그래서
나중에는 오히려 그렇게 한 훈련이 감사했다. 하지만 성경 본문을
우리말로 일점일획도 틀리지 않게 암송하는 일은 여전히 나에게
굉장히 힘든 일이다.

관계를 통해
열매 맺은 전도

정작 가장 문제가 되었던 중요한 훈련은 전도였다. 모르는 사람
에게 접근해 복음을 전해야 했는데, 워낙 내성적인 나로서는 모르
는 사람에게 다가가 먼저 말을 건넨다는 건 도저히 할 수 없는 일
이었다. 한번은 전도훈련을 받을 때 리더가 몇 사람을 데리고 길
거리에 나가 현장실습을 했다. 사람들을 모아놓고 큰 소리로 복음
을 전했다. 복음을 다 설명한 후에 리더는 "이제 제 뒤에 있는 청

년들이 여러분들을 개인적으로 도와드리겠다"고 말했다. 그리고 우리더러 한 사람씩 만나 개인전도를 하라고 요청했다.

리더의 말에 나는 '어쩔 수 없이' 한 사람을 붙들고 복음을 설명했다. 생애 첫 개인전도였다. 그때의 당황스러움이 지금도 생생하다. 얼마나 난감했던지! 너무 너무 너무 힘든 도전이었다. 무슨 말을 어떻게 했는지 모를 정도로 헤맸다. 훈련받은 대로 더듬거리며 말했다. 죄인인 인간은 하나님께 갈 수 없으나, 예수 그리스도가 십자가에서 죽으심으로 다리가 되어 인간은 하나님께 나아갈 수 있게 되었다는 다리 예화를 가지고 전도를 했다. 하지만 상대방이 내 말을 듣는지 마는지 파악할 수도 없을 정도로 나는 경황이 없었다. 오로지 전해야 할 것을 전달하는 데만 온 신경을 집중했다. 예화 설명을 간신히 마친 후 물었다.

"주님을 구주로 영접하시겠습니까?"

시원찮은 설명에 모기만 한 목소리, 내가 봐도 너무 어설펐다.

"못하겠는데요."

그 남자는 썰렁한 대답을 남기고 휙 가버렸다.

우스운 것은 그다음이었다. 첫 개인전도에 실패했다는 좌절감이나, 그 사람을 영접시키지 못한 안타까운 마음 같은 것은 하나도 없었다. 그저 그 곤란한 상황에서 벗어나 다행이라는 안도감이 밀려왔다. 전도에 대한 쓰디쓴 첫 기억 이후, 생면부지의 사람들에게 전도할 기회가 종종 있었지만, 그 일은 내게 기쁨이 되지 않았다. 그저 의무감으로 해야 하는 일일 뿐이었다. 그러니 다른 친구들에 비해 열매가 없는 것은 당연한 결과였다.

돌아보니 주일학교에 다닐 때도 성경읽기나 기도처럼 매주일 점검하는 것에는 자신이 있었지만 친구를 인도해 교회에 데리고 나오는 데는 젬병이었다. 그것은 내 안의 또 하나의 열등감이 되었다. 중고등학교 때는 조금 더 적극적이 되었지만 여전히 친구들을 교회로 인도하는 것은 힘들었다. 그 시절 교회로 인도해 지금까지 신앙생활을 잘하는 친구가 김병재 장로다. 그나마 내가 자랑하고 싶은 열매다.

나는 이렇게 전도를 못하는데, 내가 전도해 예수를 믿게 된 친구 이경준은 처음부터 전도를 아주 잘했다. 모태신앙인 나도 못하는 것을 그 친구가 잘하는 것을 보면서 약간의 열등감을 느꼈고 마음이 많이 힘들었다. 그런데 어느 날 하나님이 이런 생각을 주셨다. 내가 경준이를 전도했으니까, 경준이가 전도하는 사람은 결국 내가 한 것이나 마찬가지 아닐까. 억지라는 걸 알지만 그렇게 나 스스로를 위로했다.

직장생활을 하면서 주변 사람들을 전도하는 맛을 조금 알게 되었다. 직장에서 인정을 받고 있는 상태라 전도는 훨씬 수월했다. 그래도 전도에 대한 열등감이 아주 식지는 않았다. 복음을 꽤 많이 전했지만 예수님을 영접한 사람은 별로 없었다. 그중에서 예수님을 영접하고 깊은 신앙의 뿌리를 내린 분으로는 민보홍 씨가 기억에 남는다. 안타깝게도 그분은 수년 전에 암으로 돌아가셨는데 돌아가신 후에 아내분이 그의 유물을 하나 보여주셨다. 예전에 내가 그분에게 전도하며 썼던 종이였다. 그는 종이를 코팅해 보관하고 있었다. 그걸 보니 그때의 기억이 생생하게 떠올랐다.

목회자가 된 후로는 의외로 전도할 기회가 더 없어졌다. 주변에 온통 예수 믿는 사람뿐이기 때문이다. 다행히 직장 사역을 하면서 예수님을 믿지 않는 직장인이나 기업인들을 만날 기회가 많아, 다른 목회자들보다는 전도의 기회가 좀 더 있는 편이다. 하지만 일반 평신도보다는 상대적으로 기회가 훨씬 적다. 아이러니컬하게도 전도에 대한 열등감은 항상 전도에 대한 관심을 갖게 만드는 요소가 되었다. 어떻게 하면 전도를 더 잘할 수 있을까, 전도하기에 적절한 타이밍은 언제일까, 효과적인 전도방법은 무엇인가 등 '전도'에 끊임없이 집중하게 된다. 결과적으로 훈련받은 대로 전도하지 못하는 약함은 있지만, 전도하는 일을 늘 마음에 품고 나만의 방식을 탐구하며 전도하는 것이 되었으니 그 약함은 하나님의 능력이 나타나는 또 하나의 경로가 된 것이다.

또 한 가지는 불타듯 열정적인 전도를 하지 않기 때문에 상대방이 부담을 느끼지 않는다는 유익이 있다. 상대방을 좀 더 살피거나 상대방의 마음이 준비될 때까지 시간을 가지고 기다리기 때문에 그만큼 상대방은 복음에 대해 열린 마음이 된다. 그러는 사이, 기독교에 대한 편견이나 거부감이 깨지고 복음을 취할 만한 것으로 생각하는 모습을 자주 봐왔다. 그러니까 나는 관계를 통한 전도에 능했던 것이다.

하나님의 해결책

전도에 대한 열등감이 전도에 대한 관심으로 이어진 것은 다행스러운 일이다. 그러나 근본적으로 그 열등감에서 벗어날 수 있었던 것은 하나님의 말씀을 깨달음으로써 하나님께 해결책을 얻었기 때문이다.

추수하는 사람은 품삯을 받으며, 영생에 이르는 열매를 거두어들인다. 그리하면 씨를 뿌리는 사람과 추수하는 사람이 함께 기뻐할 것이다. 그러므로 '한 사람은 심고, 한 사람은 거둔다'는 말이 옳다. 나는 너희를 보내서, 너희가 수고하지 않은 것을 거두게 하였다. 수고는 남들이 하였는데, 너희는 그들의 수고의 결실에 참여하게 된 것이다(요 4:36-38).

여기에 '뿌리는 자'와 '거두는 자'가 나오고, "한 사람이 심고 다른 사람이 거둔다"는 말이 나온다. 뿌리는 자, 심는 자, 거두는 자가 누구인지 궁금해진다. 38절 말씀은 그러한 궁금증에 대한 해답의 실마리를 제공한다. "수고는 남들이 하였는데, 너희는 그들의 수고의 결실에 참여하게 된 것이다." 복음을 전했을 때 그 사람이 받아들이면 그것은 앞서 누군가가 복음을 전한 것이 그때에 비로소 역사한 것이다. 그래서 그는 거두는 사람이 되어 수고의 결실에 참여했다는 의미다.

결국 이 말씀이 말하고 있는 것은 전도를 잘한다, 또는 못한다는 것은 없으며, 성공과 실패라는 것도 없다는 것이다. 복음을 전했으나 그가 믿지 않더라도 전한 사람은 씨를 뿌린 것이다. 그러므로 전도를 못한다고 주눅 들지 말고 기회가 주어질 때마다 전도를 하면 된다.

선교단체에서 신앙훈련을 받으면서 나는 비교적 과정을 잘 따라갔지만 암송이나 전도 같은 훈련과정을 힘들어했다. 리더들은 과정은 잘 따라오는데도 결과는 신통치 않은 나를 보면서 적잖이 실망했다. 하지만 그런 방식이 내 스타일과 잘 맞지 않았기 때문이었다. 훈련은 필요하지만, 훈련으로 모든 것을 해결할 수 있다고 생각해서는 안 된다. 모든 사람이 훈련에 맞을 수는 없다. 지금도 교회에서는 전도를 프로그램으로 만들어두고 집중적으로 성과를 내려는 모습을 종종 본다. 프로그램에 집중하는 것은 효율 때문이다. 효율을 강조하다 보니까 프로그램에 기대는 것이다. 하지만 모든 개인이 프로그램에 최적화된 것은 아니다. 하나님은 다양한 개인을 창조하셨기 때문이다.

훈련 시스템이나 프로그램에서 기대하는 성과를 내지 못한다고
해서 그 사람의 신앙이 부족하다고 단정해서는 안 된다. 사람은
저마다 다른 스타일을 가지고 있다는 점을 기억해야 한다. 다만
그가 그 프로그램과 맞지 않을 뿐이다. 프로그램에 최적화된 사람
이 아니어서 그만한 결과를 내지 못한다면 훈련시키는 사람의 입
장에서 보면 효율성이 떨어진다고 판단할 수 있다. 그러나 효율이
중시되는 문화에서 프로그램을 따라가지 못하고 제 색깔대로 살
아가는 이들은 다소 비참해진다. 그들은 자신에게 주어진 저평가
때문에 괴로워한다. 훈련습득은 100점이지만, 현장실습은 0점에
가까웠던 내 경우만 봐도 그렇다. 나는 전도의 결과가 좋지 않아
서 두고두고 열등감을 느껴야 했다. 이렇게 효율성만을 강조하다
보면 많은 것들을 잃어버릴 수 있다. 우리는 "영성에도 빛깔이 있
다"는 게리 토머스의 말을 새겨들어야 한다.

지금은 좀 자유로워졌지만 한때 나는 기차를 타거나 비행기를
탔을 때 옆자리에 앉아 있는 사람에게 복음을 전해야 한다는 강박
에 시달렸다. 하지만 그때 복음을 전하지 못한다 해도 죄책감을
느낄 필요는 없다. 그 기회를 놓치지 않고 거침없이 옆자리 사람
에게 말을 걸고 복음을 전하는 사람들은 존경스럽다. 하지만 누구
나 그렇게 할 수 있는 것은 아니다. 전도는 우리의 사명이지만, 전
도 스타일은 은사에 따라 다를 수 있다는 사실을 기억해야 한다.

낯선 사람에게 말을 걸어 복음을 전하는 것은 잘 못하지만, 나처럼 관계를 통해 복음을 잘 전하는 사람도 많이 있다.

교제를 통해
깊어지는 신앙

전도와 관련해서 한 가지 더 나누고 싶은 이야기가 있다. 가족 전도에 대한 이야기다. 우리 집안은 대대로 예수 믿는 집안이었기 때문에 가족 중 불신자가 하나도 없었다. 그래서 가족을 전도해야 하는 부담이 전혀 없었다. 그 후 결혼을 하면서 나에게도 가족 전도가 숙제로 주어졌다. 아내는 믿지 않는 가정에서 자랐다. 아내와 결혼한 지 35년이 지났음에도 아직 장인어른과 처제 하나는 기독교를 완강하게 거부하고 있다. 오랫동안 가족의 구원을 놓고 기도해 온 집안이 예수를 믿게 되었다는 간증을 들을 때마다 나는 고개를 떨어뜨리곤 했다.

목회자가 되어 다른 사람들에게 성경을 가르치고 복음을 전하면서 가장 가까운 가족을 아직 주님 앞으로 인도하지 못했다는 자책감을 느낀다. 그 일이 내 힘으로 되지 않는다는 것을 잘 알면서도 그 부분을 생각하면 전도에 대한 무력감이 밀려온다. 그러면서도 가족을 전도하지 못한다는 생각보다는 내가 하지 못하는 부분이 있다는 사실에 오히려 겸손해지게 된다. 그때마다 그들을 향한 내 사랑이 아직도 부족하다고 느껴져 더욱 사랑할 것을 다짐한다.

수년 전부터 한 달에 한 번 처가에 가서 가정예배를 드리면 장인어른이 매우 좋아하신다. 예수님을 영접하시지는 않지만, 내 설교에 귀를 기울여 들으신다. 장인어른과의 관계 속에서 교제가 깊어지는 동안, 언젠가는 장인어른도 주님을 구주로 영접하실 거라고 믿는다.

사도행전 16장 31절, "주 예수를 믿으시오. 그리하면 그대와 그대의 집안이 구원을 얻을 것입니다"라는 말씀은 가족 구원에 대한 약속의 말씀이다. 이 말씀은, 한 사람이 예수를 믿으면 가족 모두가 자동으로 구원받는다는 의미가 아니다. 바울이 그날 간수의 가족들에게 주의 말씀을 전했기 때문에 가족 구원의 역사가 일어난 것이다(32절). 그 말씀을 따라, 나는 지금도 아내의 가족들이 모일 때마다 주의 말씀을 나눈다. 언젠가는 그들 마음에 뿌려진 말씀들이 열매가 될 것이라고 기대하면서 말이다.

12

약함으로
느껴지는 것들

1982년부터 해마다 찍는 가족사진 중 하나, 1992년의 사진

자기가 해야 할 책임을 다하지 않고 하나님께만 의지하는 신앙은 미신으로 변하기 쉽습니다. 하나님께 의지하지 않고 자기의 책임만 다하려는 신앙은 불신으로 변하기 쉽습니다. _2014년 1월 7일 트위터 글

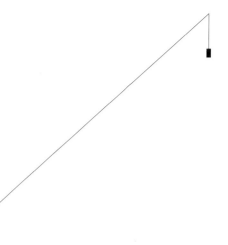

　　　　　우리 집안은 한국 기독교 역사에
서 손꼽히는 초기 기독교 집안이다. 1898년에 방만준 증조할아버
지는 세례를 받으셨다. 그해, 그분의 넷째 아들로 나의 할아버지
방효천 님이 태어났다. 증조할아버지는 세례를 받은 기독교인으
로 신앙생활을 잘하셨다. 방 씨의 집성촌에서는 증조할아버지가
예수 믿는 것을 달가워하지 않아 그분을 핍박하기에 이르렀다. 결
국 증조할아버지는 아브라함처럼 고향을 떠나 경작할 만한 땅을
찾았다. 어렵사리 구한 땅은 경작을 할 수 없는 아주 몹쓸 땅이었
다. 그러나 근면과 성실함으로 증조할아버지는 열심히 개간해 농
사를 지었다.

　증조할아버지는 불모지를 개간해 일군 것으로 5남 1녀를 키워
냈다. 신앙을 선택해 고생을 자초한 삶에는 가난과 멸시 등 온갖

어려움이 따랐다. 그중에서 가장 견디기 힘들었던 것은 신앙의 핍박이었다. 증조할아버지의 신앙을 못마땅하게 여긴 주변 사람들이 증조할아버지의 집에 불을 질렀다. 그러나 희한하게도 불은 맥없이 그냥 꺼지곤 했다. 이웃들이 증조할아버지의 집에 한 번이 아니라 여러 번 방화를 했는데도 그때마다 집은 타지 않았다고 한다. 그래서 주변 사람들은 증조할아버지를 해코지 하는 일을 포기했다고 한다.

증조할아버지의 5남 1녀 중 두 아들과 사위가 목사가 되었다. 장남 방효원과 삼남 방효정, 사위 홍승한이 그들이다. 방효원과 홍승한은 한국 교회가 최초로 중국에 파송한 선교사가 되었다. 증조할아버지의 5남 1녀로부터 나온 후손들 중에는 목사가 20명, 선교사가 7명이다. 장남 방효원 목사의 맏아들이 바로 지난 10월에 소천하신 방지일 목사다. 방지일 목사님은 1937년 중국 선교사로 파송되어 21년 동안 사역하셨으며, 한국 교회 선교역사의 산 증인이시자 큰 어른이셨다.

가계에서 방지일 목사님은 내 아버지 방문일 집사의 사촌형님이어서, 우리는 방지일 목사님을 큰아버지라고 불렀다. 하지만 그분은 우리에게 큰아버지 이상으로 귀한 분이셨다. 집안 전체의 어른으로서 조카인 우리 내외는 물론이고, 우리의 자녀, 그리고 손자들까지 일일이 신경을 써주신 자상한 분이었다. 이렇게 뿌리 깊은 크리스천 가계에서 우리는 집안 어른들의 바른 신앙과 삶을 보며 자랐다.

이런 집안에서 태어난 나는 뼛속까지 모태신앙이다. 믿음의 가정에서 자라 주일마다 교회에 가고 매일 성경을 읽고 기도하는 것은 하루에 세 번 밥을 먹는 것처럼 당연한 일이었다. 청년 시절, 나는 모태신앙이라는 것이 좀 아쉬웠다. 세상에서 방탕한 생활을 하다가 예수 믿고 변화된 사람들의 간증을 들으면서 감동을 받은 적이 한두 번이 아니었다. 그런 간증을 하는 사람들이 부러웠다. 그런 극적인 변화들을 나도 한번 느껴보고 싶었다. 뜨거운 신앙의 온도가 탐났던 것이다. 한 번도 그런 뜨거움과 극적인 사건을 겪어보지 않아서 예수를 믿어 생기는 감동적인 변화가 무엇인지 진심으로 궁금했다.

그때마다 모태신앙이라는 점이 답답하게 느껴졌다. 나도 세상에서 제멋대로 살다가 극적으로 회심하면 어떨까? 신앙이 더 깊어지고 뜨거워지지 않을까? 그런 극적인 변화를 나도 한번 가져보고 싶다는 생각이 굴뚝같았다.

심지어는 예수 믿는 것 때문에 가정에서 핍박당하는 사람이 은근히 부럽기도 했다. 한번은 한정국 형제가 교회 수련회에 가방도 들지 않은 채 맨몸으로 나타났다. 수련회에 가는 것을 못마땅하게 여긴 그의 부친이 한정국 형제의 가방을 감춰버린 것이다. 그래서 정국 형제는 성경책은 고사하고 아무것도 가져오지 못한 채 빈손으로 교회에 왔다. 아버지의 핍박을 받으면서도 신앙을 지키는 그의 모습이 부러웠다. 나도 신앙적인 핍박을 받으면 저렇게 당당하게 신앙을 선택할 텐데. 나에게는 믿음을 드러낼 만한 핍박의 여건이 전혀 없다는 것이 아쉬웠다.

선배에게 이런 고민을 털어놓은 적이 있다. 선배는 어이없다는 표정을 지으며 말했다.

"사무엘이나 디모데를 생각해봐. 모태신앙은 축복이고 감사할 조건이야."

물론 그렇다는 것은 인정하지만 언제나 마음 한구석에는 습관처럼 젖어 있는 신앙에 대한 아쉬움이 있었다. 그래서 모태신앙이 나에게는 또 하나의 약함이다. 동시에 그 약함은 스스로에게 신앙에 대한 뜨거움을 독려하는 동기가 되기도 한다.

사무엘이나 디모데를 보면서 위로를 받는다. 어머니의 기도로 태어나 어릴 때부터 성전에서 자란 사무엘은 모태신앙의 전형적인 모델이다. 그에게 신앙의 전격적인 변화를 보여주는 사건은 없었지만, 사무엘은 이스라엘의 선지자로 또 사사로 충성스럽게 하나님의 일을 감당했다. 디모데 역시 외할머니와 어머니의 훌륭한 신앙을 물려받아, 바울의 제자로, 또 후계자로 성실하게 사역했다. 그들을 보면 모태신앙을 가진 사람도 얼마든지 하나님이 귀하게 사용하신다는 사실을 알 수 있다.

내가 그렇게 자랐듯이, 우리 집 아이들과 조카들 모두 모태신앙이다. 그들도 나와 비슷한 고민을 할지도 모른다는 생각이 들 때마다, 그들에게 모태신앙의 축복이 무엇인지 가르쳐야겠다고 마음먹는다. 모태신앙이라는 점을 아쉬워했던 그때로부터 많은 시간이 흐른 지금은 내가 모태신앙을 물려받았다는 점에 감사드린다. 온 가족이 믿음 안에 있다는 것은 참으로 귀하고 귀한 일이다.

끝내 받지 못한 은사

모태신앙을 굳이 표현한다면 밋밋함이라고 해야 할까, 무채색이라고 해야 할까? 선택의 여지없이 기독교를 신앙으로 받아들였던 나는 중학교 3학년 때 교회 수련회에서 예수 그리스도를 구주로 만나게 되었다. 이전에도 예수님을 믿었지만, 그 믿음은 가정에서 내려온 종교적인 전통이었다. 그러다가 수련회에서 나 자신이 죄인이라는 것, 그리고 그 죄를 예수 그리스도가 십자가에서 대속해주셨다는 사실을 인격적으로 깨닫고 회개의 눈물을 쏟았다. 그날 이후로 내 믿음은 새로워지게 되었다.

어렸을 때는 모태신앙을 가졌다는 것이 자랑스러웠다. 주일마다 교회에 갔던 나는 그렇지 않은 아이들이 불쌍했다. 믿는 가정에서 태어난 것에 자부심을 느꼈다. 나는 그들과는 다른 특별한 존재라고 생각했던 것이다. 하지만 자랄수록 뜨거운 신앙적 체험이 없다는 점이 아쉬워졌다. 중3 수련회 때 예수님을 영접한 일이 내 인생에서 가장 중요한 체험이었다. 그때 하나님께 방언기도를 하게 해달라고 기도했으나, 방언의 은사를 받지는 못했다. 대학생 시절에도 나름대로 신실하게 신앙생활을 했지만, 주변의 신앙 있는 친구들이 다 겪는 것만 같은 영적인 체험은 하지 못했다. 신비한 영적 체험이나 방언의 은사가 없다는 사실이 나에게는 또 하나의 약함이었다.

1991년 두란노서원에서 해고된 직후, 나는 거제도의 한 기도원으로 내려갔다. 생애 첫 10일 작정 금식기도를 하기 위해서였다. 일생일대의 위기 앞에서 할 수 있는 일은 기도밖에 없었다. 평소에는 잘 하지 않던 금식기도를 10일 동안 하기로 큰마음을 먹었다. 기도원에 들어가면서, 기도원 직원이 금식을 얼마 동안 할 생각이냐고 묻자 나는 당당하게 10일 동안 하겠다고 말했다. 그랬더니 저쪽의 반응이 심드렁하다. 놀라는 기색 하나 없다. 알고 보니 거기에는 40일 금식하는 분들이 대부분이라 10일쯤은 별일도 아니었다.

어쨌든 내 인생이 앞으로 어떻게 될 것인지 아무것도 보이지 않는 상황이라 나는 금식기도에 집중했다. 금식을 하고 기도를 하면 머리가 맑아져서 기도가 잘될 줄 알았다. 그건 상상이고 착오였다. 오히려 힘이 너무 없어서 머리가 희미해지고 자꾸 졸음이 쏟아져 기도에 집중할 수가 없었다. 일주일이 지나자 한 걸음 떼는 것도 힘들어졌다. 그때 처음 알게 되었다. 무언가 번듯해 보이는 방선기라는 사람은 며칠 굶으면 아무것도 할 수 없는 무능한 존재가 된다는 것을. 하나님 앞에서 나는 정말 아무것도 아니라는 것을 처절하게 느꼈다.

게다가 기도 또한 힘들었다. 금식기도를 하면서 기도원에 같이 있는 분들과 좀 친해져 몇몇 분들과는 함께 기도했다. 그런데 기도를 시작할 때는 모두 우리말로 했는데, 시간이 지나면 나만 빼고 모두 방언으로 기도하고 있었다. 끝까지 우리말로 기도하는 사람은 나뿐이었다. 살짝 자존심이 상하고 방언에 대한 간절함이 절절하게 생겼다. 그래서 하나님께 방언기도를 하게 해달라고 간곡하게 구했다. 정말 하나님과 씨름하는 심정으로 방언기도를 구하며 철야기도를 했다. 나중에는 오기가 났다. 하나님과 딜을 한다는 생각으로 매달렸다. '제가 필요해서 달라는 것이 아닙니다. 교인들을 봐서라도 방언기도를 하게 해주세요. 명색이 목사인데 방언기도를 하면서 교인들을 좀 돌봐야 되지 않겠습니까?'

하지만 끝내 방언은 나오지 않았다. 그때의 실망감이란! 나보다 별로 나아 보이지 않는 사람도 모두 방언을 받았는데, 왜 내게는 방언의 은사를 주시지 않은 것일까? 사람에게만이 아니라 하나님께도 버림받은 기분이었다. 그런 간청을 들어주시지 않자 나는 또 한 번 약해졌다. 기도원을 내려올 때까지 나는 방언을 받지 못했다. 마지막 날 서울로 올라오며 혼자 중얼거렸다. '하나님, 그래도

방언은 좀 주시지 그러셨어요. 같은 방 자 쓰는 방선기 목산데
요….'

왜 구한 것을
주시지 않나요

그 후 질병에 걸린 사람들을 보면서 안타까운 마음이 부쩍 커졌
다. 한참 영성이나 성령, 은사에 관한 책을 많이 읽고 있던 때라 아
픈 그들을 위해 하나님이 내게 영적인 능력을 주실 것을 간구했
다. 그러나 하나님은 구체적인 열매를 주시지 않았다. 이때도 나는
낙심했지만, 하나님의 뜻은 나의 생각과 다르다는 것을 깨달아야
만 했다.

방언으로 기도하고 기도를 통해 병을 고치거나 귀신을 내쫓는
이들을 보면서, 아무것도 할 수 없는 나는 무력감을 느끼곤 했다.
하나님이 주시지 않아 받지 못한 것이 맞지만, 한편으로는 그렇게
오랫동안 신앙생활을 했고 목사까지 된 당신은 왜 많은 사람들이
받은 은사를 하나도 받지 못했느냐고 물으면 할 말이 없다는 생각
이 들었다. 어쩔 수 없는 무력감에 시달렸다.

한번은 이런 내 고백을 들은 어떤 분이 방언을 가르쳐주겠다고
제안했다. 나는 거절했다. 얼마 후 은사체험을 한 다른 분이 방언

을 가르쳐주겠다고 해서 그분이 말한 대로 해보았더니 방언이 나왔다. 하지만 이 방언이 진짜로 성령님이 주신 방언인지, 아니면 사람이 만들어낸 방언인지 혼란스러웠다. 그래서 결국 그것도 그만두었다.

최근에는 예언의 은사 때문에 무력감을 느꼈다. 종종 주변에서 예언과 관련된 이야기들을 듣는다. 하나님의 음성을 직접 들었다며 예언하는 분들의 이야기를 들으면서 방언의 은사에 이어 다시 무력감에 빠졌다. 왜 하나님은 내게 한 번도 하나님의 음성을 들려주시지 않을까? 무력감과 함께 소외감도 밀려왔다. 하나님이 원하시는 사람에게 예언의 은사를 주신다는 성경말씀을 나는 믿는다. 내가 예언의 은사를 부인하면 오히려 괜찮을 텐데, 부인하지 않으니까 그런 은사가 없는 나 자신을 초라하게 느끼는 것이다. 물론 성경말씀을 통해 하나님의 뜻을 충분히 알 수 있다고 믿기 때문에 예언의 은사를 받지 못했다는 것이 나의 신앙에 문제가 되지는 않는다. 그럼에도 불구하고 여전히 다른 사람들이 경험한 신비한 체험이 없다는 것으로 인해 느껴지는 무력감은 사라지지 않는다.

그 가운데서도 감사는 있었다. 상담을 해주고 지지해주는 불임 부부가 몇 팀이 있는데, 그들에게 자녀를 주시기를 간절하게 기도했고, 그들로부터 임신하게 되었다는 소식을 들었다. 하나님은 왜 이 기도는 들어주시면서 방언의 은사, 치유의 은사, 예언의 은사를 달라는 기도는 들어주시지 않을까? 그렇기 때문에 응답하시는 하나님 앞에서 그런 신비한 은사를 구하는 간절함이 더 생기는 것 같다.

나에게 가장
필요한 것

목회자로서 나는 그 흔한 방언의 은사를 받지 못해 항상 아쉬운 마음이 있었지만, 그 후 하나님은 내게 부족한 것이 방언이 아니라는 점을 깨닫게 해주셨다. 내게 필요한 것은 방언이나 치유의 은사가 아니라 사랑이라는 것을 가르쳐주신 것이다. 내가 사랑하지 못한 일들, 더 사랑해야 하는 사람들을 생각나게 해주셨다.

그러나 여러분은 더 큰 은사를 열심히 구하십시오. 이제 내가 가장 좋은 길을 여러분에게 보여드리겠습니다. 내가 사람의 모든 말과 천사의 말을 할 수 있을지라도, 내게 사랑이 없으면, 울리는 징이나 요란한 꽹과리가 될 뿐입니다. 내가 예언하는 능력을 가지고 있을지라도, 또 모든 비밀과 모든 지식을 가지고 있을지라도, 또 산을 옮길 만한 모든 믿음을 가지고 있을지라도, 사랑이 없으면, 아무것도 아닙니다(고전 12:31-13:2).

방언의 은사를 사모하며 간구하는 동안 나는 살아오면서 옳고 그른 것을 분별하는 데 많은 관심을 기울여온 반면, 사람에 대한 사랑이 많이 부족하다는 것을 깨달았다. "지식은 사람을 교만하게 하지만, 사랑은 덕을 세웁니다"(고전 8:1). 이 말씀 앞에서 나의 지식과 사랑을 돌아보며 사랑이 부족했던 내 모습이 확연히 눈에 들어왔다.

가장 먼저는 가족에 대한 사랑이 부족했던 내 모습을 돌아보았다. 가장 사랑해야 할 대상임에도 불구하고 가족이라는 이유로 사랑하는 것을 미루거나 무시하게 되는데, 나 역시 그랬다. 그리고 나 자신이 신체적인 질병 때문에 고통당하면서 몸이 아픈 사람들에 대해 각별한 연민의 정을 갖게 되었다. 마음속에 조금씩 사랑이 차오르는 것이 느껴졌다. 전에는 성경말씀이 마음속에 건조하게 심겨져 있었다면, 지금은 가슴에서 우러난 사랑 가운데 말씀이 서 있다고나 할까? 하지만 아직 멀었다. 스스로 이전보다 나아졌다는 것을 느끼는 정도라는 걸 다행이라고 생각한다.

성령의 열매 중 첫 번째 열매가 사랑이다. 은사를 못 받아서 약한 마음이 되었지만, 사랑으로 성령의 능력을 체험하며 내게 더 풍성하게 성령의 열매가 있기를 기도한다. 주시지 않는 은사를 사모하며 무력감에 빠져 있기보다는 성령의 능력으로 사랑하며 사는 모습을 주님은 더 원하실 것이다.

13

약함이
열정으로

유학생활 중 함께 공부했던 친구들

약한 사람은 다른 사람들이 자신의 약함을 아는 것을 원치 않습니다. 그래서 약함을 감추려고 합니다. 진짜 강한 사람은 자신의 약함을 인정하고 약함을 통해서 하나님의 능력이 나타나는 것을 기대합니다. _2013년 2월 4일 트위터 글

나는 해외선교에 대한 이야기를
비교적 일찍 들은 편이다. 1971년 성도교회 대학부가 구성될 때부
터 후배 한정국이 해외선교에 관심이 많았기 때문이다. 그는 대학
부에서 선교부를 맡으면서 선교에 대한 이야기를 자주 했는데, 나
는 겉으로만 대충 들었다. 나와는 무관한 일이라고 생각했기 때문
에 마음이 열리지 않았다. 그때 내게 선교는 관심 있는 특별한 사
람들이 하는 일이었다. 그야말로 나에게는 아무런 열정이나 관심
이 없었다.

당시 선교에 대한 내 생각은 아주 무지한 수준이었다. '굳이 뭘
해외에까지 나가서 복음을 전해야 할까? 지금 한국에도 복음이 필
요한 사람들이 얼마나 많은데.' 이 생각이 말도 안 된다는 것을 깨
달은 것은 한참 뒤였다. 이런 생각으로 해외선교를 경시하거나 부

정하는 사람들이 많이 있는데, 정말 잘못된 것이다. 만약 우리보다 일찍 복음을 들은 사람들이 그런 생각으로 바다 건너 세상에 복음을 전하지 않았다면, 조선 말기의 한국은 복음을 듣지 못했을 것이다. 백여 년 전, 우리는 미국과 유럽에서 들어온 헌신적인 선교사들 덕분에 일찍이 복음을 들었고, 교육과 의료 부문에서 그들이 이루어놓은 바탕 위에 발전의 기틀을 마련할 수 있었다.

선교에 대한 생각은 바뀌었지만 선교에 대해 별 관심이 없고 뜨겁지도 않은 상태는 계속되었다. 그리고 선교지를 돌아볼 기회가 생길 때마다 선교는 정말 나와는 맞지 않는 분야라는 걸 거듭 확인했다. 첫 번째 선교여행은 1990년대 초였다. 첫 선교지 탐방은 대만과 태국이었고, 그다음에는 인도에 다녀왔다. 유럽이나 미국 같은 선진국은 경험해봤지만, 선교지는 처음이었다. 선교지는 처음이나 나중이나 곤혹스러운 점이 한두 가지가 아니었고, 그로 인해 너무 힘들고 나 자신에 대해 속이 많이 상했다.

나는 평소에도 먹는 것을 그다지 즐기지 않는 데다가 육식도 좋아하지 않는다. 내게 식사란 그저 허기만 없애면 되는, 뭐든 '때우면 그만'인 것에 불과하다. 그런데 선교지에서는 음식이 별로 중요하지 않는 내게도 먹는 것 자체가 무시하지 못할 큰 걸림돌이 되었다. 도무지 음식을 제대로 먹을 수가 없었던 것이다. 대만음식에는 대부분 돼지고기가 들어가는데, 냄새 때문에 음식을 먹지 못했다. 물론 고급식당에 가서는 문제가 없었는데, 현지의 서민식당에 가면 음식을 거의 입에 댈 수가 없었다. 태국에서는 익숙하지 않은 음식들이 줄줄이 나와 손도 대지 못했다. 방콕에서 맥도날드 햄버거를 보고 얼마나 반가웠는지 모른다. 그런 내가 한심했다. 한심해도 어쩔 수 없었다.

인도에 가서는 더 심했다. 인도 특유의 향이 진한 카레는 먹기 어려웠을 뿐더러 손으로 먹는 걸 따라하는 건 엄두도 내지 못했다. 몇 번이나 인도에 갔지만 문제는 전혀 해결되지 않았다. 머리와 생각은 그래서는 안 된다는 것을 잘 알고 있지만, 몸은 선교지의 음식과 문화를 거부하고 있었다. 현지 선교사들은 음식을 직접 만들어줄 테니까 걱정하지 말고 와줄 것을 청하는데, 같이 밥도 못 먹는 내가 그들에게 무언가를 가르친다는 것 자체가 선교적인 모습이 아니라고 생각했다. 그래서 선교지 방문을 사양했다. 이후로 선교지 방문이 두려워지기까지 했다.

한번은 수단에 있는 태권도 선교사를 방문한 적이 있었다. 수단은 다른 어떤 곳보다 상황이 열악했다. 흙으로 지은 집에 사는 현지인을 방문했을 때 그가 차려준 식탁 앞에서 정말 아찔했다. 정체를 알 수 없는 음식들뿐이었다. 다행히 한정국 선교사가 먼저 맛을 보고는 이런저런 말을 해줘서 겨우 먹을 만한 것들을 조금 맛볼 수 있었다. 수단에서는 거의 굶다시피 했다. 워낙 비위가 약해서 향이 강한 그 지역 특유의 음식은 전혀 먹지 못했던 것이다.

인도는 여러 번 방문했지만 갈 때마다 이만저만 망설이는 것이 아니다. 현지 선교사들은 자연스럽게 먹는 음식들을 나는 손도 못 대기 때문이다. 굶으라면 차라리 굶겠는데, 입에 맞지 않는 음식은 도저히 먹을 수가 없었다. 나를 위해 따로 밥을 해주는 분도 있었는데, 그것 또한 받아들이지 못했다. 민폐도 그런 민폐가 없다는 것을 잘 알기 때문이다. 부끄럽지만 어쩔 수 없는 나의 이 약함에는 해결책이 안 보였다.

유럽 선교에 대한 갈망

음식에 대한 약함은 선교지에만 국한되는 것이 아니다. 한국음식 중에도 꺼리는 음식이 태반이다. 보신탕은 말할 것도 없고, 돼지고기 요리나 곱창 같은 것도 먹지 못한다. 술안주로 좋은 음식들, 매운 음식들도 거의 입에 댈 수가 없다. 이렇듯 음식에 대해 까다로운 것은 사람들과 교제하거나 선교지에서 사람들과 함께하는 일에 정말 장애가 된다. 문제가 있다는 것을 알지만 극복할 수 없는 부분이라 애석하다.

사실 선교사가 되기 위해서는 입과 관련한 두 가지 은사가 필요하다. 음식과 언어다. 현지 음식에 빨리 적응하고 새로운 언어를 빨리 익힐 줄 알아야 선교사가 될 수 있다고 생각한다. 그래서 이

두 가지 은사가 없다면 선교사로 헌신하지 않는 편이 낫다. 음식과 언어에 취약한 사람은 현지에서 자신부터 생고생을 곱빼기로 하는 것이니, 선교가 아닌 다른 부분에서 은사를 찾는 것이 맞다.

그런 의미에서 나는 선교사로는 부적격자다. 이런 약함을 가지고 있기 때문에 나는 선교와는 맞지 않는 사람이라고 생각한다. 선교와 관련한 활동을 하고 있지만, 내가 직접 선교사가 된다는 것은 있을 수 없는 일이라는 결론을 내렸다. 더 이상 이 문제에 시달리지 않고 선교 쪽은 은사가 없다고 믿을 수밖에 없게 되었다.

그래서 아이들은 어렸을 때부터 일찍 선교여행을 보냈다. 까다로운 취향이 생기기 전에 뭐든 호기심으로 바라보면서 세상을 접하면 선교지에 대한 부담감이 덜하지 않을까 싶은 마음에서였다. 맏이는 초등학교 5학년 때 보냈고, 딸과 막내는 중학교 3학년 때 인도로 선교여행을 다녀왔다. 다행히 아이들은 부작용 없이 선교 현장에 잘 적응했고, 많은 깨달음을 얻고 돌아왔다. 막내아들은 인도에 다녀오고 나서 자신이 누리고 있는 삶과 환경에 대해 감사하는 편지를 써서 주기도 했다.

몸이 좋지 않아 2009년 8월부터 1년에 걸쳐 날씨 좋은 남부 프랑스에 머물며 안식년을 가졌다. 오랜만에 프랑스어를 새롭게 배우면서 불어권 아프리카 지역의 여러 나라들이 선교사를 필요로 한다는 사실을 새롭게 알게 되었다. 나와 함께 어학 공부를 하는 이들 중에는 아프리카 지역으로 들어가기 위해 또는 그 지역에 선교사로 지원하기 위해 열심을 내는 친구들이 많이 있었다.

프랑스를 비롯한 유럽 여러 나라들이 기독교적인 전통은 강하지만, 지금은 기독교의 영향력이 바닥 수준이라는 것을 체험했다. 선교의 모국이라 불렸던 영국도 이제는 더 이상 기독교사회가 아니다. 프랑스의 사정은 더 열악하다. 이제 프랑스는 세상에서 가장 이교적인 나라들 중 하나다. 듣기로는 사우디아라비아보다 복음적인 크리스천의 숫자가 더 적다고 한다. 프랑스에서 체류하는 동안 유럽 재선교의 필요를 발견했다.

프랑스 사람들과 이야기를 하다 보면, 거의 대부분이 영세를 받았고 자신은 크리스천이라고 말한다. 그들 거의가 믿기는 하지만 실천은 하지 않는다고 답한다. 종교가 무엇인지 물으면 기독교에 표기하기는 하지만, 교회 출석은 하지 않는다는 것이다. 결국 다 불신자라는 말이다. 오늘의 유럽 교회에서 성당이나 교회 건물은 술집이나 댄스장으로 매각된 곳이 수두룩하고, 예배에 참석하는 사람들은 소수의 노인들이다. 이들에게 전통적인 천주교나 기독교와는 구별되는 진짜 복음을 전할 필요가 있다.

오늘의 한국 교회가, 유럽 교회가 걸어간 길을 따라가고 있다는 점은 여간 우울한 일이 아닐 수 없다. 기독교인은 크게 줄었고 기독교에 대한 비호감은 우려할 만한 수준을 넘어섰다. 한때 전 세계에 가장 많은 선교사를 파송했던 한국 교회는 교세가 감소하면서 해외선교에 대한 지원이 줄어들고 있는 형편이다. 한편으로 세계의 오지나 소외지역에 대한 선교적 관심은 지대한 반면, 이미 복음이 자취를 감춘 유럽에 대해서는 무지하다.

유럽에서 한국에 대한 이미지는 매우 호의적이다. 우리 자동차나 휴대전화가 좋은 평가를 받고 있으며, 한류로 한국에 대한 인지도와 관심이 크게 늘었다. 이와 같은 여건에 힘입어 유럽 선교에 대한 새로운 이정표를 만들 때가 되었다. 사실 유럽 선교라고 하면 우리나라 사람들의 정서로는 받아들이기 어렵다. 유럽을 동경하고 종교 이외의 영역에서는 아직 배울 것이 많은 나라라고 생각하기 때문에 유럽을 선교지로 생각하지 못하는 것이다. 그러나 복음이 필요한 지역을 선교지로 본다면 유럽 전체, 특히 프랑스 같은 나라는 충분히 우리의 선교지가 되고도 남는다.

사도 바울이 소아시아 지방에 선교하려고 했을 때 하나님은 환상을 통해 유럽을 보여주셨다. 나는 환상을 본 것은 아니지만, 프랑스에 있는 동안 유럽의 기독교적 현실을 직접 보고 안타까운 마음이 들어서 기회가 있을 때마다 유럽 재선교에 대한 이야기를 많이 한다. 유럽 재선교를 생각하면서 내 안에서 처음으로 선교적 열정이 생기게 된 것이다. 음식이나 언어적인 면에서도 부담이 없으니, 기회가 닿는 대로 유럽의 복음화를 위해 기도하고 미력한 힘을 보탤 수 있는 방법을 찾고 있다.

14

부족함의 인정에서 오는
자유함

유학생활 중 기숙사 안에 있던 작은 서재

나의 부족함이 남에게 폐가 되지 않도록 조심해야 합니다. 그것이 배려입니다. 그러나 나의 부족함을 남에게 숨기려고 애쓸 필요는 없습니다. 그것은 완벽주의의 함정입니다. _2013년 2월 12일 트위터 글

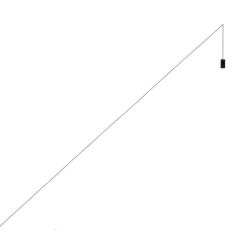

지금은 완전히 무관한 분야가 되었지만 그래도 나는 명색이 공대 출신이다. 엔지니어링을 공부했고 엔지니어로 일했으나 도중에 신학을 공부하고 목사가 되면서, 그쪽으로는 완전히 발을 끊었다. 엔지니어는 나의 이력서에만 존재하는 경력이 된 지 오래다. 공대를 다닌 덕분에 컴퓨터는 비교적 일찍 접했지만, 왠지 정이 가지 않는 기계여서 친해지지 못했다. 엔지니어로 일하는 동안에도 컴퓨터에 별 관심을 갖지 않았다. 1970년대 중반, 막 전자게임이라는 것이 시작되어 직장 동료들이 푹 빠져 있을 때도 나는 아예 쳐다보지도 않았다. 호기심이 있었다면 한 번쯤은 기웃거렸을 텐데 전혀 관심이 없었다. 그래서 나는 평생 컴퓨터로 게임이라는 것을 해본 적이 없다. 자녀교육 문제라면 어디서든 한마디 하게 되는데, 게임중독에 대해서는 아무 말도 할 수가 없다. 경험해본 적이 없으니 죽은 말만 늘어놓을 게 뻔해서다.

그런 내가 컴퓨터는 비교적 일찍 구입했다. 미국에서 박사학위 논문을 쓸 때였으니까 1980년대 중후반이었고, 그때는 대부분 타자기를 썼다. 하지만 아무래도 컴퓨터를 쓰는 것이 편리할 것 같아 가진 돈을 다 털어 컴퓨터를 구입하기로 했다. 때마침 작은 이모님이 느닷없이 돈을 보내주셔서 컴퓨터를 구입할 수 있었다. 첨단기기와는 완전히 담쌓고 지내는 나로서는 전혀 나답지 않은 결정이었다. 지금과 따져보면 완전 구형이지만, 그 컴퓨터 덕분에 논문을 편하게 쓸 수 있었다. 그 바람에 나는 컴퓨터에 대해 아무것도 모르면서 컴퓨터와는 일찍 접촉하는 행운을 누렸다.

귀국해서 두란노서원에 다닐 때는 원고를 쓰거나 세미나 강의안을 준비할 일이 많았다. 그때는 워드프로세서라는 기기가 막 나온 때라서 그것으로 작업했다. 대부분 원고지에 쓰거나 형편이 좀 나은 극소수의 사람들이 타자기를 사용하던 시절이어서, 내가 워드프로세서로 작업하는 것을 본 직원들은 미국에서 공부한 박사 출신의 목사님을 얼리어답터쯤으로 생각했을지도 모르겠다.

하지만 그것이 전부다. 박사논문을 위해 컴퓨터를 구입한 것이나, 써야 할 원고량이 많아 워드프로세서를 구입한 것은 모두 글쓰기의 편리함 때문이었다. 아주 초보적인 수준의 편집만 가능할 뿐, 문서 이외의 컴퓨터 작업은 전혀 할 줄 아는 게 없다. 그래서 컴퓨터를 처음 만났던 1970년대 중반이나 지금이나 내 컴퓨터 실력은 대동소이하다. 휴대전화도 굳이 필요하지 않아서 2009년 프랑스에 가서야 처음 개통했다. 이렇게 첨단기기나 기술에 대한 관심이 없고 재능 또한 없는 것은 남들이 정말 모르는 내 약함이다.

또 하나의 약함은 사업능력이다. 사업능력의 부재는 소규모지만 사업의 실패를 경험하고 나서야 비로소 확실히 깨닫게 된 나의 약함이다.

어렸을 때부터 나는 글쓰기를 좋아했다. 문학에 소질은 없었지만, 중고등학교 시절 교회에서 회지를 만들면서 글을 쓸 기회가 많았다. 또 두란노에서 일하며 잡지에 글을 쓸 기회가 많고 글을 통한 사역의 가치를 깨달으면서 더더욱 글쓰기를 즐겨했다. 1992년 직장사역연구소를 시작하면서 제일 먼저 생각한 것이 잡지와 단행본 출판이었다. 글에 대한 부담감이 없어서 본능적으로 책을 쉽게 생각했던 것이다. 당시엔 직장과 관련한 책들이 더러 나와 있기는 했지만, 주로 딱딱한 이론서들이고, 잡지는 없었다. 그래서 크리스천 직장인들을 위한 잡지 〈일하는 제자들〉을 창간했다. 그리고 직장인들에게 도움이 된다고 판단되는 몇 권의 단행본을 번역해 출판하기도 했다.

〈일하는 제자들〉은 조금씩 사람들에게 알려지면서 그런대로 운영이 가능했다. 사실 제작비도 얼마 들지 않았다. 그래서 기독교적인 시각에서 대중문화를 바라보는 잡지를 하나 더 창간했다.

1996년 창간한 〈프리즘〉은 그 시대에 마땅히 필요한 잡지라는 판단이 들었다. 그런데 〈일하는 제자들〉의 순항과 달리 〈프리즘〉은 고전을 면치 못했다. 시대적으로 좀 일찍 선보인 탓인지, 예상과 달리 그다지 많은 관심을 끌지 못했다. 유감스럽게도 때마침 불어닥친 IMF 경제 위기로 〈프리즘〉은 창간 2년 만에 폐간됐고, 재정적으로도 많은 손실을 입었다.

직장사역과 관련된 책들은 번역서와 내가 직접 쓴 책들을 출판했는데, 이 책들 역시 예상만큼 잘 팔리지 않았다. 책을 잘 소개하려면 출판사를 하면 된다는 지극히 순진한 생각으로 시작했지만, 사업적 재능이 전혀 없는 나는 출판사업을 제대로 운영하지 못했다. 돌이켜보건대, 사역과 사업을 혼동한 것에서 비롯된 실수였다. 사업은 은사가 있어야 잘할 수 있는데, 사역에 대한 열정 때문에 사업의 은사를 따져보지 않았다. 그래서 사업을 벌여놓고 안 되면 손쉽게 후원을 요청한다. 후원을 받으려면 철저하게 사역으로 가면서 사업적 마인드를 버려야 하는데도, 사업을 하면서 후원으로 경제적 손실을 메꾸려 한다. 많은 그리스도인들이 사역과 사업을 구분하지 못하고 이런 실수를 빈번하게 저지른다.

2002년, 10년 동안 이끌어오던 잡지사와 출판사를 접었다. 사업능력이 없는 나에 대해 무력감을 느끼면서도 그 사실을 빨리 인정했기 때문에 그나마 손해를 줄일 수 있었다는 것이 다행이라면 다행이다. 사업능력이 없다는 것을 10년의 시간이라는 수업료를 톡톡히 내고 배운 셈이다.

선교전략의 하나로 Business as Mission에 대한 논의가 많은데 내 경험으로 미루어볼 때 나는 그 전략에 대해 다소 회의적이다. 선교를 하기 위해 사업적 접근이 필요한 것은 인정하지만, 사업은 은사가 있어야 하는 것인데 은사도 없는 사람이 선교를 한다고 사업을 벌이는 것이 과연 맞는 것인가에 대한 대답에 선선히 "예스"라고 말하기 어렵다. 사업은 성공이라는 목표가 분명해야 하고 그만한 능력이 뒷받침되어야 가능하다. 사명감만 가지고 선교전략으로 비즈니스를 선택하는 것은 위험하다는 것이 내 생각이다.

언어
콤플렉스

없는 것, 부족한 것을 나의 약함으로 인정할 때 빼놓을 수 없는 것이 두 가지 있다. 하나는 언어능력이고 또 한 가지는 학문적 능력이다. 누군가에게 이 이야기를 했더니, 미국 컬럼비아 대학교에서 박사학위를 딴 사람이 그런 이야기를 하면 그건 욕을 부르는 소리라며 아예 입도 뻥긋하지 말라고 손사래를 친다. 게다가 잘난 척하는 것처럼 들린다면서 은근히 조언까지 한다. 하지만 사실이다. 언어 앞에서 나는 무력감을 느끼고, 학문적 능력의 부족함을 나의 약함이라고 인정한다.

한국에서는 유독 영어가 한 사람의 능력을 평가하는 중요한 척도가 된다. 나는 다행히 미국에서 유학할 기회가 있어서 영어를 좀 하는 편에 속한다. 하지만 7년이란 미국 체류 시간을 따져본다면 영어에 그다지 능통하지는 못하다. 의사소통이 가능한 수준일 뿐, 앞에 나가서 영어로 연설을 한다든가 중요한 이슈를 놓고 영어로 토론할 정도는 아니다.

그렇게 된 데에는 이유가 있다. 미국 유학을 가기 전에 토플 시험을 쳤는데, 성적은 중상 정도로 실력에 비해 잘 나왔다. 그때 570점 정도가 나왔는데 그 점수로는 유학을 가는 데 아무 지장이 없었다. GRE 시험도 봤는데 영어는 좀 어려웠지만 수학은 100점이 나왔다. 수학은 워낙 좋아하고 잘하는 과목이라 나에게는 아무 문제가 되지 않았다. 토플 점수로 간신히 유학은 가능했지만, 영어에 대한 자신감 없이 미국 신학교에 입학했다.

문제는 첫 학기였다. 강의가 들렸다! 그런대로 들렸다! 말하는 건 서투르고 영어로 리포트를 쓰는 것은 어설펐지만, 강의 듣고 노트 기록하고 시험 칠 정도는 되었다. 그러니 은근히 교만한 마음이 생겼다. 어깨가 으쓱해졌다고나 할까? 신학 공부만 제대로 할 수 있다면 영어를 잘하지 못해도 괜찮겠다는 생각이 들었다. '그래, 영어는 도구일 뿐이야.' 그런 생각에 영어 공부를 별로 하지 않았다. 신학교에서도 그런 경우를 인정해주는 것처럼 보였다. 이렇게 해서 첫 학기의 영어에 대한 오판이 그 후 영어가 내 발목을 잡게 만들었다.

결국 신학 공부를 끝내고 교육학 박사학위까지 받았지만 영어 실력은 별로 늘지 않았다. 심지어 영어 콤플렉스까지 갖게 되었다. 국제모임 같은 데 가면 최소한의 의사소통은 하지만 본격적인 대화를 하는 데는 한계를 느낀다. 미국에서 공부할 때 영어 공부 좀 제대로 해둘 걸 하는 후회를 얼마나 했는지 모른다. 영어 앞에서는 작아지고 무력감을 느낀다. 종종 외국에서 만난 사람들이 거기서 3-4년밖에 안 살았는데도 유창하게 그 나라 말을 잘하는 것을 보면 부럽기도 하고 부끄럽기도 하다.

지금도 영어를 유창하게 하는 사람들을 보면 부럽다. 그렇다고 새삼스럽게 지금 영어 공부를 하는 것도 우습다는 생각이 들어서 시작할 엄두는 나지 않는다. 그래서 새로운 마음으로 새로운 언어를 공부한다. 안식년을 프랑스에서 보내면서 불어를 공부했다. 공부를 그렇게 열심히 해본 적은 난생처음이다. 무슨 시험을 치는 것도, 자격증을 따는 것도 아닌데 그냥 재밌고 좋아서 열심히 했다. 아주 열심히 해서 젊은 친구들 못지않게 잘했다. 그래서 금방 불어가 될 줄 알았다. 영어는 재미없어서, 제대로 안 해서 못하게 된 거지만, 불어는 재미있게 열심히 공부했으니까 잘하게 될 거라고 의심 없이 믿었다. 그런데 이것도 생각만큼 잘 안 된다.

영어의 벽, 불어의 벽 앞에서 좀 많이 실망했다. 사실 일본어, 중국어도 그동안 기웃거려봤지만 별로 진보가 없었다. 가만히 따져보니까 내게 언어와 관련된 은사가 별로 없는 것 같았다. 외국어에 대한 관심은 많지만 외국어가 잘 안 되는 이유를 생각해보다가 내가 우리말도 잘 못하는 사람이라는 걸 알게 되었다. 총체적으로 나는 언어에 약한 사람이었다. 성경이 말하는 방언도 언어의 한 종류이니까 내게는 방언의 은사만 없는 게 아니라, 외국어 은사도 없었던 것이다. 이렇게 언어 앞에서 약함을 절감하는 남의 속도 모르고 내가 3개 국어를 한다고 말하는 사람에게는 좀 미안한 마음이 든다.

버려지는 것이
하나도 없다

나는 이른바 사람들이 명문이라고 말하는 학교들을 다녔다. 유학을 가서도 한 번도 생각해보지 않았던 명문 대학인 컬럼비아 대학교의 교육대학원에서 교육학으로 박사학위를 받았다. 컬럼비아 대학교를 입학하게 된 과정은 앞에서 이야기했다. 사람들은 나의 학력을 보고 내게 학문적인 능력도 있다고 믿어 의심치 않는다. 지금 신학교에서 교수가 될 수 있었던 것도 그런 믿음 아래 나의 학력과 경력을 인정했기 때문일 것이다. 하지만 정작 나 자신은 학문적인 면에서 많이 약하다. 그 약함은 겸손해서 하는 말이 아니라 나 자신에 대한 솔직한 인정이다.

리폼드 신학교를 졸업하고 컬럼비아 대학교로 왔을 때만 하더라도 공부에 대해서는 자신이 있었다. 그러나 본격적으로 공부를 시작하면서는 막강한 장벽을 실감해야 했다. 명문답게 함께 공부하는 동료들이 얼마나 박식한지 도저히 따라잡을 수가 없었다. 나는 하룻밤에 두꺼운 원서 한 권을 읽는 것도 허덕거리는데, 그들은 그걸 완벽하게 이해하고 격렬한 토론을 벌이는 수준이었다. 나는 대학에서는 공학을, 신학교에서는 신학을 전공했고, 기독교 교육학은 고작 1년을 공부해 석사학위를 받았기 때문에 교육학에 대한 기초가 전무하다고 해도 과언이 아니다. 그런데도 학교에서는 내가 받은 석사학위를 인정해서 필수 이수 학점을 절반으로 줄여주었다. 90학점을 따야 하는데, 신학교 학점을 인정해 45학점만 따면 되는 것이다. 시간으로나 경제적으로 따지면 내게는 매우 유리한 조건이었지만, 학문적으로 볼 때는 지나친 배려였다.

공학과 신학을 전공한 나의 인문학적인 기반은 한없이 허약한 데다가 교육학적인 기초마저 부실했으니, 탄탄한 인문사회학적인 기본실력으로 무장한 동료들과의 실력차는 상당했다. 나는 영어도, 전공도 부족해서 그들을 따라잡기에는 역부족이었던 것이다.

다른 사람들은 명문 학교에 다닌다고 나를 부러워했지만, 내 속은 속이 아니었다. 수준에 넘치는 학교에 와서 힘겨운 씨름을 하며 날마다 사투를 벌여야 했다. 그래서 마음을 고쳐먹었다. 대단한 논문을 써서 주목받을 생각일랑 깨끗이 접어두고 학위를 받을 수 있는 기준을 만족시키는 수준의 논문을 써서 얼른 과정을 끝내는 것을 과제로 삼았다. 논문 주제는 한국 사회에서 복음주의 교회의 사회참여 쪽으로 잡았다.

원래 쓰려고 했던 논문 주제는 교회 교육과 커리큘럼 쪽이었으나, 사회적으로 책임 있는 성인을 길러내는 교육과 관련된 문제들을 다룬 강의를 듣다가 한국의 복음주의 크리스천들에게는 이 부분이 많이 부족하다는 데 생각이 미쳤다. 사실 복음주의 쪽에도 사회참여 문제에 상당한 뿌리를 갖고 있는데도 불구하고 실제로 한국에서는 많이 부족한 것이 사실이었다. 그래서 복음주의가 사회적 책임에 어떤 관심을 가져왔고, 앞으로 어떻게 해나갈 것인지를 논문 주제로 선택했다.

사실 그때 내 마음속에는 대학생 시절을 회개하는 마음이 있었다. 나는 1970년에 대학에 입학해 1974년에 졸업했다. 1학년을 제외하고는 3년 내내 2학기는 제대로 학교를 다니지 못했다. 2학기에 학교는 언제나 휴교 상태였다. 1970년 11월 전태일이 근로기준법 준수를 요구하며 분신을 했고, 1972년 10월에는 유신조치가 단행되었다. 시대적으로 1970년대 초반의 사회적 상황은 대학생의 사회적 참여가 필연적이었다. 하지만 나는 민주화운동에 발을

담그지 못했다. 이웃과 사회를 돌아보지 못했다. 그저 성경공부만 했다. 갈등은 있었지만 거기까지였다. 그것이 내 수준이었고, 한국 복음주의 교회의 수준이었다. 그 시절을 떠올릴 때 잊을 수 없는 장면이 하나 있다.

한번은 내가 다니던 성도교회 옆에 있는 가난한 이들이 모여 사는 판자촌 구역에서 대형 화재가 났다. 집을 잃어버린 빈민들은 당장 기거할 곳이 없었다. 그들을 돕는 적십자단체는 우리 교회에 화재로 집을 잃은 이재민들을 위해 잠시 공간을 내줄 것을 요청했다. 식사나 침구류, 의복 같은 생필품은 적십자가 책임질 테니까 장소만 제공해달라는 것이었다. 교회는 마지못해 그 요청을 받아들였고, 그다음에는 비상이 걸렸다. 교회와 교회 사람들은 전전긍긍했다. 가난한 그들이 교회 안의 무언가를 훔쳐가거나 문제를 일으킬까 봐 노심초사한 것이다. 그리고 교회 대학부인 우리는 교회를 오갈 때 이재민들에게 배식하는 적십자 회원들을 보면서 성경공부를 하기 위해 모였다.

마음이 찜찜했다. 이건 아니다, 아니다, 아니다 하면서 아무것도 하지 못했다. 과연 이것이 교회의 바른 모습이고, 크리스천이 취할 태도인가? 이런 성경공부가 과연 무슨 의미가 있을까? 회의감이 들었다. 사회에서 일어나는 다른 일도 아니고, 바로 우리 교회 안에서 벌어지는 일들에 대해 교회와 우리의 모습은 주님이 원하시는 모습이 아니었다. 이재민들에게 장소만 겨우 내어주고, 그들이 무슨 손해라도 입힐까 봐 전전긍긍하는 교회의 모습이 부끄러웠다. 그것은 나의 모습이자, 한국 복음주의 교회의 얼굴이었다.

내 안에는 1970년대의 시대적 부채감이 남아 있었다. 그 부채감을 조금이라도 갚기 위해 한국 사회에서 복음주의 교회의 사회참여를 주제로 잡은 것이다. 관심을 갖고 있던 주제라 논문을 빨리 쓸 수 있었고, 입학 후 3년 반 만에 박사학위를 취득할 수 있었다. 한국에 돌아와서는 사회참여를 복음주의의 시각으로 이야기함으로써 복음주의 교회에서 주목을 받아 이 주제로 강의할 수 있는 기회가 꽤 많았다.

그러나 박사학위 논문 이후로 논문을 쓸 기회는 거의 없었다. 개인적으로는 논문처럼 딱딱하고 어려운 글은 많은 사람들에게 읽혀지기보다는 도서관에서 묵히기 때문에 더 많은 사람들이 읽을 수 있도록 쉽고 편한 글을 많이 쓰는 것이 중요하다고 생각한다. 하지만 한편으로는 논문을 쓰는 것이 너무 힘든 데다가 그만한 능력이 없다는 것을 인정하지 않을 수 없다. 학위와 학교에 걸맞은 공부는 나와 어울리지 않는다고 생각하며 그런 공부에는 자신이 없다. 머리가 나쁜 편은 아니지만, 아카데믹한 머리는 아닌 게 분명하다. 그래서 사람들이 나의 박사학위를 거론할 때마다 부끄러워진다.

두 번의 안식년, 그러니까 1997년 캐나다 리젠트 신학교에서 1년을 보냈을 때나 2009년 프랑스에서 1년을 보냈을 때 아카데믹

한 공부를 할 기회가 있었다. 그렇지만 결국 나는 내 스타일대로 실제적인 공부를 하는 것으로 만족해야 했다. 지금도 논문을 쓰고 발표하는 이들을 볼 때마다 참 대단한 사람들이라고 생각한다. 그 래서 논문을 잘 쓰는 것도 은사가 아닌가 싶다. 나는 어떤 생각이 떠올라도 학자들처럼 체계적으로 이론에 맞게 분석하고 자료를 들이대며 증명하거나 체계화시켜 결론을 도출시킬 능력이 없다. 나도 모르게 많은 생각이 쏟아져 나와 그걸 정리해서 분석하거나 자료를 찾아볼 여유가 없다. 내용이 부족하든 그렇지 않든, 좋든 나쁘든 간에 생각나는 대로 일단 정리해두고 보자는 쪽이어서 온 전하지 못한 잡문이 컴퓨터 폴더 안에 미완으로 남아 있다.

다행히 유일하게 쓴 학위논문에서 정리해둔 크리스천의 사회참 여와 관련된 신학적인 구조는 훗날 직장사역의 이론적인 틀로 적 용할 수 있었다. 논문을 쓸 때는 이것이 훗날 이렇게 소용될 줄 전 혀 예상하지 못했지만, 하나님의 계획에서는 내 인생에서 쓸모없 이 버려지는 것은 하나도 없었다. 논문에서 고민하고 결론지은 내 용들이 직장사역과 연결될 줄이야. 크리스천의 사회참여는 내게 주어진 일터에서 일하면서 하나님나라를 세워가는 것이며, 일터 사역은 곧 로잔 언약의 사회참여로 연결되는 것이다. 학문적인 능 력이 없는 것은 나의 약함이지만, 하나님은 그 약함을 통해서도 일하시며 드러낼 것들을 드러내시니 그저 감사할 따름이다.

15

질병,
가장 고통스러운 약함

해마다 찍는 가족사진 중 하나, 2013년의 사진

질병에 걸리는 것은 유쾌한 일이 아닙니다. 그러나 약함을 체험한다는 면에서 영적으로 유익합니다. 질병이 치유되는 체험은 정말 유쾌한 일입니다. 그러나 하나님의 능력을 체험한다는 면에서 영적인 유익이 더 큽니다. _2013년 1월 29일 트위터 글

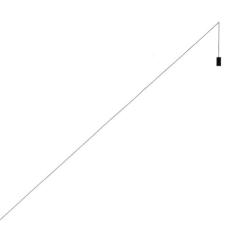

어려서부터 잔병치레 없이 자란 나는 누군가 아프다고 말하면 그걸 잘 이해하지 못했다. 가까이 살던 이모네 식구들이 아파서 자주 병원에 다니는 것을 보면서도 아프다는 게 어떤 것인지 잘 몰랐다. 결혼하고 나서 아내가 종종 두통을 호소하면 나는 무정하게 반응했다. "자꾸 아프다고 생각하니까 더 아픈 것이다. 아프지 않다고 생각하면 아프지 않을 수도 있다."

지금 생각하면 너무 말도 안 되는 말인데, 나는 정말 그렇다고 생각했다.

두통이고 감기고 전혀 모르고 살았던 내게 질병이 찾아온 것은 1997년, 내 나이 45세 되던 해였다. 그때 나는 리젠트 신학교에서 안식년을 보내기 위해 준비하던 중이었다. 건강검진을 받았는데 고혈압이라는 진단이 나왔다. 아버지가 뇌출혈로 돌아가셨기 때문에 유전적으로 나도 그럴 수 있을 거라고 예상은 했지만, 막상 고혈압 진단을 받고는 충격을 받았다. 육식을 즐기는 편도 아니고 술이나 담배를 하는 것도 아닌데 고혈압이라니. 이제 겨우 40대 중반인데 벌써부터 고혈압 약을 먹어야 한다는 사실을 받아들이기 어려웠다.

곧 이어서 몸에 이상이 찾아왔다. 어느 날 이유 없이 흑변이 나왔다. 너무 놀라고 겁이 났다. 불길한 예감들이 솟구쳤다. 의사 친구에게 가서 의논을 하고 검사를 받았다. 그때만 해도 수면내시경이 나오기 전이라 위내시경과 대장내시경을 받으면서 엄청난 고통을 느꼈다. 정말 힘들게 검사를 받았다. 하지만 검사과정에서 겪은 고통보다도 마음의 고통이 몇 곱절이나 더 컸다.

그때 처음으로 죽음을 실감했다. 암이라는 진단을 받아 내게 시간이 얼마 남아 있지 않다면 어떻게 해야 할까. 곧 죽을 수 있다는 절박함과 두려움이 엄습했다. 무엇보다 그 시간 동안 내 신앙을 보다 분명히 확인할 수 있었다. 지금 죽게 되더라도 영원한 하나님나라에 대한 소망이 확실히 내게 있었다. 다만, 남은 가족들, 특히 이제 막 초등학교에 들어간 막내아들 윤호를 생각하면 안타까웠다.

검사결과를 듣기 위해 친구에게 전화를 걸었다. 기다리는 몇 초 동안이 내 인생의 결정적인 순간이었다.

"아무 이상이 없어." 친구는 간단하게 결과를 알려주었다. 살았구나. 순식간에 안도감이 전신을 타고 흘렀다. 그러나 친구는 검사 결과로는 이상이 없는데, 계속되는 흑변의 원인은 알 수 없다고 설명했다. 그로부터 얼마 후 흑변이 정상적인 변 색깔로 바뀌었다. 왜 그렇게 되었는지는 아직도 이유를 모른다. 하나님이 내게 죽음을 공부시키기 위해 특별히 배려를 하신 것이라고 생각했다.

하나님이 주신 몸을 관리하는 것

50대에 들어서면서 건강 문제는 좀 더 심각하게 나를 위협했다. 2006년 정기종합검진을 받았는데, 의사는 심장에 이상이 있는 것으로 보인다면서 정밀검사를 받아보라고 조언했다. 심장에? 나는 심장과 관련해서는 아무런 증상을 느끼지 못했기 때문에 의사의 주의를 대수롭지 않게 생각하고 무시했다. 그 의사는 이랜드 안에 있는 클리닉에 계신 분이라 회사에서 자주 마주치곤 했는데, 이분이 나를 볼 때마다 정밀검사 받았느냐고 확인 아닌 독촉을 하는 것이 아닌가. 솔직히 좀 짜증이 났다. 아무 증상도 없고 아프지도 않는데 정밀검사를 받아보라고 독촉을 하니까 말이다. 그래서 그분의 조언이 쓸데없는 것이었음을 확인시켜줘야겠다는 생각에서 정밀검사를 받았다. 증상도 통증도 없는 내게 정밀검사는 그저 쓸데없는 일에 불과했다.

결국 조영술로 심장을 검사했고, 의사는 나에게 결과를 설명하면서 무거운 표정을 지었다.

"병이 아주 심각한 상태입니다."

청천벽력과도 같은 말이었다. 병? 아주 심각한? 나는 아무렇지도 않은데? 의사는 심장으로 가는 혈관이 8군데나 막혀서 스텐트 시술을 할 수 없으므로 가슴을 열어서 관상동맥 이식수술을 받아야 한다고 말했다. 마른하늘에 날벼락이란 이런 걸 두고 하는 말일 것이다. 나중에 들어보니 나처럼 아무 통증을 느끼지 못해도 심장수술을 받는 경우가 종종 있다고 한다. 나는 전혀 증상이 없었기 때문에 내가 건강하고 아무 병도 없는 줄 알았다. 하지만 이미 병은 심각해졌고 내 몸은 그것을 알아차리지 못한 것뿐이었다. 그때 정밀검사를 받지 않았으면 어떻게 되었을까?

생애 처음으로 대수술을 받고 중환자실에서 하루를 보냈다. 그리고 난생처음 입원을 해서 한 달 이상 회복과정을 거쳤다. 약함을 넘어 죽음 가까이 갔던 체험이었다. 그 일 이후로 몸에 대한 나의 태도는 완전히 달라졌다. 하나님이 주신 몸을 나는 거의 관리하지 않았는데, 먹는 음식, 운동 등 내 몸의 청지기로서 직분을 다하는 것도 영적인 일이라는 것을 비로소 깨달은 것이다.

**육체의 고통으로
받은 은혜**

    심장수술을 받은 후에는 이전부터 손목과 손가락에 생기기 시작했던 통증이 몸 전체로 확대되었다. 류머티즘성 관절염이었다. 통증은 점점 심해졌다. 이 병의 특징은 관절이 있는 곳마다 염증이 생긴다는 것이다. 염증은 가리지 않고 관절을 공격했고, 시도 때도 없이 통증은 나를 넘어뜨렸다. 손가락에 통증이 오면 옷을 제대로 입을 수 없었고, 손목에 통증이 오면 생수병 마개를 돌릴 수 없는 지경이 되었다. 통증 때문에 문손잡이를 열지도 못했다. 팔꿈치에 통증이 오면 세수를 못했고, 발목에 오면 걷기 힘들고, 턱관절에 오면 밥을 먹을 수가 없었다. 염증은 관절 곳곳을 가격하며 나에게 엄청난 통증을 안겨주었다. 전혀 예상하지 못한 곳에 통증이 생기면, 아 여기도 관절이 있었구나 하고 깨달았다.

    최악의 경우는 무릎이었다. 아침에 일어났는데 참을 수 없는 통증이 무릎을 가격했다. 하필 출국해야 하는 날이어서 휠체어 신세를 지고 비행기를 탔다. 한없이 우울했다. 어느 해 겨울인가는 크리스마스 예배를 마치고 일어서다가 고꾸라진 적도 있다. 고통스러운 최악의 날들이 이어졌다. 유명하다는 병원, 명성을 떨치는 대체의학, 소문난 약들을 모두 접했지만 고통은 끊이지 않았다.

    2010년 '행복전도사'로 유명한 최윤희 씨가 자살했다는 소식이

전해졌다. 사람들은 충격에 빠졌고, 행복을 외치던 사람이 어떻게 자살할 수 있느냐며 그녀의 선택을 나무랐다. 그러나 나는 그녀를 충분히 이해할 수 있었다. 자살을 찬성하거나 옹호하는 것이 아니다. 마음의 고통이 아닌 육체의 고통을 견딜 수 없어 자살을 선택할 수밖에 없었던 그녀의 심정은 이해할 만했다. 죽음이 낫다는 생각이 들 만큼 나의 류머티즘성 관절염이 주는 육체의 고통도 지독했다.

통증을 호소하는 내게 의사는 스테로이드 주사를 좀 세게 처방해주었다. 주사 덕에 통증은 잠시 사라지는 것 같았지만 이내 다시 찾아왔다. 1년 동안 얼굴은 퉁퉁 부어 달덩이로 변했다. 다른 사람들이 깜짝 놀랄 만큼 변해버린 내 얼굴을 보면서 나 또한 좌절하고 스트레스를 받았다. 한번은 치유의 은사를 가진 분에게 기도를 받으러 간 적이 있는데, 그분이 "류머티즘성 관절염은 사탄이 주는 병"이라고 말해서 또 한 번 극심한 스트레스를 받았다. 육체의 질병을 놓고 세 번 간구했으나 결국 고침을 받지 못한 바울의 심정을 십분 공감했다.

처절하고 철저하게 약해졌다. 하나님께 치유해달라고 기도하면서도 먼저 이 고통의 의미를 알고 싶었다. 그 후 오랜 고통 끝에 치유의 별이 반짝거리며 다가왔다. '휴미라'라는 주사를 맞으면서 고통에서 벗어나게 된 것이다. 주사를 정기적으로 계속 맞아야 하긴 하지만 고통의 수렁에서 벗어날 수 있다는 것만으로도 감사했다. 하나님의 은혜의 서막이었다.

육체의 고통에 대해 전혀 알지 못했던 시절, 나는 아프다고 말하는 사람을 도무지 이해하지 못했다. 심지어 아내한테는 "아프다고 생각하니까 아픈 것"이라는 몹쓸 말로 상처를 주기도 했다. 그러나 내 몸이 아픔을 겪으면서 질병에 대한 생각이 완전히 달라졌다. 아픈 사람, 육체의 고통 가운데 있는 사람, 육체의 아픔을 체험한 사람을 나는 '체휼'(몸으로 불쌍히 여김)할 수 있게 되었다. 나의 약함으로 하나님의 능력을 온전히 체험하게 된 것이다.

나에게 가장 큰
약함이자 은혜

어릴 때부터 자세가 안 좋다는 이야기를 많이 들었지만 그런 말들을 귓등으로 흘려들었다. 그런데 언젠가부터 허리에 통증이 나타나기 시작했다. 통증은 점점 심해졌고, 심각할 때는 10분 이상 걷는 것이 힘들어서 잠시 쉬었다가 걸어야 할 만큼 아팠다. 일상생활에 지장이 될 정도로 통증이 심각해지자 다시 치료를 받기 시작했다. 지인의 소개로 한방치료를 받았으나 뾰족한 효과를 보지 못했다.

병원에 가서 상담을 받았더니 수술을 권한다. 또 수술을 받는다는 것이 내키지 않아 다른 병원에 문의했더니 같은 결론을 내린다. 수술만이 유일한 대안처럼 보였다. 그런데 내 심장 주치의는 수술을 극구 반대했다. 수술 자체도 문제지만 심장수술을 크게 받았던 내가 또 대수술을 받는 것은 좋지 않다는 것이다. 결국 수술을 포기하고 안식년을 갖기로 했다. 여의치 못한 사정이 도처에 있었으나, 건강 회복을 중심으로 결단을 내리고 프랑스에서 1년 동안 안식년을 가졌다. 안식년 1년은 오롯이 하나님의 은혜 속에 살았다. 완치된 것은 아니지만, 이전의 고통에서 헤어 나올 수 있어서 감사했다.

지금은 다시 어깨 관절에 이상이 생겨 또 고통에 시달리고 있다. 이번에는 고통과 함께 불편함이 따라왔다. 혼자서는 옷을 제대로 입지 못하고, 팔을 높이 들 수 없어서 조금 높은 곳에 있는 것을 집으려면 다른 사람의 도움을 필요로 한다. 심하지는 않지만 장애자가 된 셈이다. 의사는 인공관절 수술을 권하지만 역시 심장 주치의는 위험을 경고하며 견딜 수 있을 때까지 수술 없이 견뎌보라고 한다. 그래서 이번에도 하나님의 은혜를 기다리고 있다.

육체적인 고통은 사람을 약하게 만든다. 고통 앞에 장사는 없다. 감기 한 번 앓지 않고 지낸 내가 이렇게 육체의 고통 가운데서 처절하게 약해질 거라고는 한 번도 상상해본 적이 없다. 그렇지만 육체의 고통을 겪는 것에 부정적인 것만 있는 것은 아니다. 나는 하나님을 붙들 힘밖에 남아 있지 않을 정도로 약해지면서 겸손을 배웠다. 나의 약함을 인정하게 되었다. 누구나 질병에 걸리면 자신의 삶을 돌아볼 수밖에 없다. 영적인 눈으로 자신을 돌아보고 범죄한 것이 있는지 살펴보게 된다. 또 자신의 잘못된 습관을 돌아보고 바꾸는 기회가 되기도 한다.

또 육체의 고통은 더더욱 하나님을 의지하게 한다. 능력과 의지, 결단과 용기, 지식과 믿음 그 모든 것이 사라지고 오직 내 안에 하나님만 남게 된다. 그리고 무엇보다 다른 약한 지체들을 진정으로 이해하고 돌아보게 된다. 순수하게 동병상련의 마음으로 지체들을 사랑하고 보듬을 수 있다. 다른 사람의 고통을 이해하는 힘이 생긴다는 것은 정말 특별한 축복이다. 나아가 아픈 이들을 위해 중보기도를 하게 된다.

겸손, 하나님을 의지함, 아픈 지체들을 사랑함. 이 세 가지는 그 무엇으로도 진심으로 깨달을 수 없는 것들이다. 하나님은 내게 육체의 고통을 주심으로써 그것들을 깨닫게 하셨다. 누구나 질병에 걸리는 것을 원치 않으며 객관적으로 볼 때 그것은 불행한 일이다. 그러나 하나님 안에서 질병은 감추어진 축복이 될 수 있다. 겸손, 하나님을 의지하는 것, 아픈 지체들을 사랑하는 일은 내가 한없이 약해져야만 얻을 수 있는 소득이자, 하나님의 능력이 드러난 증거다. 질병의 고통이야말로 나의 약함에 임한 가장 강력한 하나님의 은혜이고, 그분의 능력이다.

내가 늙을수록 다음 세대가 자란다

지금 내 나이는 인생을 돌아보기에는 조금 이르다. 그러나 약함을 돌아보기에는 충분한 나이라고 생각한다. 그래서 지금까지 내가 경험했던 약함을 소개했다. 아직도 내가 경험해야 할 약함이 남아 있다. 이 약함은 거의 모든 사람들이 필연적으로 체험하게 될 것들이다. 바로 늙는 것이다.

요즈음 내 나이는 아직 늙었다고 말하기는 좀 이르다. 그렇다고 늙는 것과 무관하다고 하기는 힘들 만큼 충분히 나이가 들었다. 나이는 숫자에 불과하다고 말하지만 몸은 나이의 변화를 실감나게 한다. 언젠가 지하철이나 버스에 날 보고 일어서 주는 불쾌한 (?) 경험을 했다. 내가 늙었다는 것을 피할 수 없게 만드는 사건이었다. 남들이 어떻게 보든 내가 젊다고 생각하면 그뿐이라 하지만 나 자신의 몸도 점점 약해지는 것을 느낀다. 한마디로 '노약(老弱)'

을 경험하는 것이다. '노약'은 누구도 부정하거나 회피할 수 없는 현실이다. 전도서 12장에서는 그것을 아주 구체적으로 표현하고 있다. "그때가 되면, 너를 보호하는 팔이 떨리고, 정정하던 두 다리가 약해지고, 이는 빠져서 씹지도 못하고, 눈은 침침해져서 보는 것마저 힘겹고, 귀는 먹어 바깥에서 나는 소리도 못 듣고, 맷돌질 소리도 희미해지고, 새들이 지저귀는 노랫소리도 하나도 들리지 않을 것이다"(전 12:3-4). 아직 이 정도는 아니지만 이 현상이 서서히 다가옴을 느낀다.

다들 늙기를 싫어한다. 늙는 것을 부정하려고 한다. 그래서 염색도 해보고 사람에 따라서는 그 이상의 변화도 시도해보지만 그런다고 노약이 사라지는 것은 아니다. 그렇다고 반대로 노약을 체념해서는 안 된다. 나이 드신 분들 중에는 젊을 때와 달라진 현실에 절망해서 체념하는 분들이 있다. 그래서는 안 된다. 적어도 우리에게 생명을 주시고 나이 들어가게 하신 하나님을 믿는 사람은 그래서는 안 된다. 나이가 들어서 약해지는 노약을 삶의 현실로 생각하고 인정하고 수용해야 한다. 경우에 따라서는 그것을 사람들에게 숨기지 않고 드러낼 수도 있어야 한다. 그러면 노약을 통해서 하나님의 능력을 체험할 수 있다. "그러므로 우리는 낙심하지 않습니다. 우리의 겉사람은 낡아가나, 우리의 속사람은 날로 새로워집니다"(고후 4:16).

늙어서 우리의 육신은 약해져도 우리의 영은 얼마든지 새로워질 수 있다는 말이다. 이것이 노약을 통해서 누릴 수 있는 하나님의 축복이다. 지금까지 약함을 경험하면서 하나님의 능력을 맛본 사람으로서 이 말씀이 충분히 실감이 난다. 더 나이가 들어 맞이할 미래가 기대된다. 경제적으로 노후가 보장된 것도 아니고 그다지 건강한 편도 아니지만 "내 능력이 약한데서 온전하여 짐이라"고 하신 주님의 말씀은 내게 확신을 주신다.

늙어도 우리의 영이 새로울 수 있다는 것도 하나님의 능력을 체험하는 것이 되겠지만, 내가 늙어갈수록 다음 세대가 자라난다는 것도 하나님의 능력을 실감하게 한다. 다윗이 성전을 짓는 것을 포기하고 솔로몬에 넘겨준 것은 정말 멋진 일이다. 그렇다고 그가 성전 짓는 일에 무관심하지 않았다. 오히려 솔로몬이 성전을 지을 수 있도록 준비했다. 늙어가면서 내가 할 일은 조금씩 사라져간다. 이제 많은 일은 다음 세대에게 넘겨주어야 한다. 그러기 위해서 다음 세대를 위해서 준비해야 하는 일이 남아 있다. 다음 세대를 위해 내 인생에 남아 있는 날들을 사용한다면 나는 인생 마지막 날까지 하나님의 능력을 맛보는 은혜를 누리게 될 것이다.

의인은 종려나무처럼 우거지고, 레바논의 백향목처럼 높이
치솟을 것이다. 주님의 집에 뿌리를 내렸으니, 우리 하나님
의 뜰에서 크게 번성할 것이다. 늙어서도 여전히 열매를 맺
으며, 진액이 넘치고, 항상 푸르를 것이다. 그리하여 주님의
올곧으심을 나타낼 것이다. 주님은 나의 반석이시요, 그에
게는 불의가 없으시다"(시 92:12-15).

소중한
나의
연약함